8 La 29 9

Paris
1798

Anquetil, Louis-Pierre

Motifs des guerres et des traités de paix de la France pendant les règnes de Louis XIV, Louis XV et Louis XVI,

*L. 607.

[29
L a. 9.

MOTIFS
DES GUERRES
ET DES TRAITÉS DE PAIX
DE LA FRANCE,

Depuis 1648 *jusqu'à* 1783.

MOTIFS
DES GUERRES
ET DES TRAITÉS DE PAIX
DE LA FRANCE,

Pendant les règnes de Louis XIV, Louis XV et Louis XVI, depuis la paix de Westphalie, en 1648, jusqu'à celle de Versailles, en 1783.

PAR LE C^{EN}. ANQUETIL,

Correspondant de la ci-devant Académie des Inscriptions et Belles-Lettres, et membre de l'Institut national.

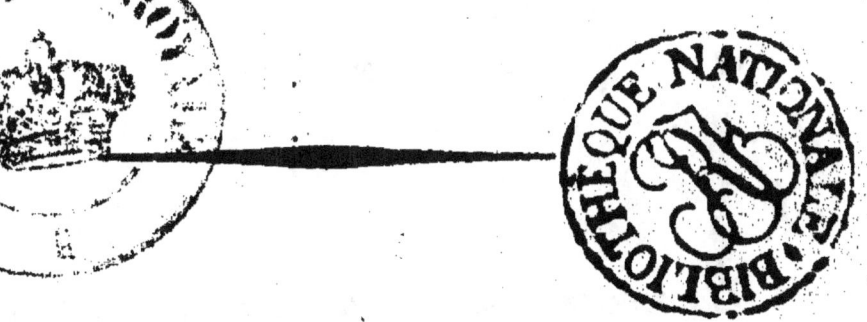

A PARIS,

DE L'IMPRIMERIE DE LESGUILLIEZ, FRERES,

Rue de la Harpe, n°. 151.

AN 6 DE LA RÉPUBLIQUE.

AU CITOYEN
TALEYRAND-PERIGORD,

MINISTRE

DES RELATIONS EXTÉRIEURES.

CITOYEN MINISTRE,

La place que vous occupez, vous donne un droit sur tous les ouvrages diplomatiques ; mais particulièrement sur celui que je vous présente, puisque vous m'en avez suggéré l'idée.

Je souhaite, Citoyen Ministre, que l'exécution réponde à vos vues. Si elle obtient votre approbation, votre goût connu du public, déterminera son suffrage, et me le rendra favorable.

Recevez, Citoyen Ministre, ce témoignage de mon estime pour vos lumières et vos talens,

ANQUETIL,

Homme-de-Lettres, attaché aux Relations extérieures et membre de l'Institut national.

PRÉFACE.

Appellé par état depuis quelque tems à des recherches diplomatiques, j'ai remarqué dans le cours de mon travail que les guerres, malgré les traités de paix, avoient de fréquens retours, qui pouvoient les faire regarder comme perpétuelles.

J'ai cru que mon observation étoit du genre de celles qu'il est utile de mettre également sous les yeux, et de ceux qui gouvernent et de ceux qui sont gouvernés; que ce seroit un moyen d'exciter les premiers à obtenir la gloire qui a manqué aux anciens souverains, la gloire inestimable de mettre de plus longs intervalles entre les accès de cette frénésie épidémique; et que ce seroit aussi un moyen d'encourager les seconds à supporter patiemment un mal qui est comme inhérent à l'humanité.

Dans cette intention, et pour arriver plus sûrement à ce but, j'ai choisi la période de tems la moins éloignée du nôtre, et j'ai renfermé mon tableau dans le cadre le plus resserré qu'il m'a été possible, espérant que le rapprochement des objets rendra plus frappante la vérité dont j'ai réuni les traits, et qu'il fera naître des réflexions qui pourroient se perdre dans les détails d'un plus long ouvrage.

Celui-ci contient les motifs de onze guerres et de treize traités de paix pendant un siècle et demi.

On sera peut-être surpris que tant de matière ne fournisse qu'un volume; mais il faut observer que mon dessein a été uniquement de faire connoître l'enchaînement des effets aux causes sans réflexions, sans discussions, afin de mettre sous les yeux, dans une espace facile à parcourir, une multitude d'événemens militaires et diplomatiques, propres par leur importance à occuper une grande place dans le vaste champ de l'histoire.

Néanmoins, malgré ce resserrement, on trouvera dans l'ouvrage tout ce qui est annoncé par le titre; c'est-à-dire, les motifs des guerres et des traités de paix; mais non pas les motifs des ministres, des négociateurs et même des généraux, instigateurs ou prolongateurs de ces guerres et de ces traités. Le développement de leurs vues secrètes et de leurs intrigues m'a paru inutile au but que je me suis proposé, savoir d'éloigner la crainte des maux passés, et de faire concevoir des espérances pour l'avenir.

En effet, s'il est prouvé que les guerres de la France ont tenu pendant trois règnes à des causes que le changement du gouvernement doit faire presque toutes disparoître : si l'exposition la plus simple des faits montre que des nombreux motifs qui occasionnoient les guerres avec nos voisins, à peine actuellement en restera-t-il un, on a droit d'espérer que la paix qui se prépare sera plus solide et plus durable qu'aucune autre, et on regardera les éclairs qui sillonnent encore les bords de notre horison, comme les derniers éclats d'un orage qui fuit et qui sera suivi de jours purs et sereins.

PRÉFACE.

Mais quand même cet heureux présage ne se réaliseroit pas aussi promptement qu'on le souhaite, du moins on pourra conclure de mon ouvrage, que le grand nombre des motifs ordinaires de guerre se trouvant désormais réduits presqu'à un seul, les retours de ce fléau deviendront moins fréquens. Espoir consolant! le seul mérite que j'attache à mon travail, je ne lui désire pas d'autre succès.

TABLE

DES TITRES ET SOMMAIRES.

Introduction,	1.
Paix de Westphalie,	5.
Causes des guerres de l'Europe dans le septième siècle,	5.
Projets d'Henri IV,	6.
Contrariés par sa veuve et le conseil de France,	8.
Repris par Richelieu, sous Louis XIII,	10.
Comment il les effectue en Allemagne,	11.
Victoires des Suédois, et avantages que la France en retire,	13.
Efforts de la maison d'Autriche contre la France,	14.
Préliminaires de la paix, sans cessation d'hostilités,	15.
Congrès de Munster et d'Osnabruck,	16.
Médiateurs,	17.
Plénipotentiaires français,	18.
Objet du congrès,	19.
Instructions données aux ambassadeurs français,	20.
Sur les trois évêchés,	22.
Sur la Lorraine,	23.
Sur l'Alsace,	26.

Sur le Roussillon et la Catalogne,	27.
Sur l'Artois,	27.
Sur l'Italie,	28.
Intérêts du Portugal et attention sur les Hollandais recommandés,	28.
Invitation des plénipotentiaires à tous les princes de l'Empire,	31.
Mécontentement des Impériaux à ce sujet et satisfaction,	31.
Propositions des Impériaux et des Espagnols,	32.
Délais des Français,	33.
Impatience des médiateurs,	34.
Propositions des Français et des Suédois,	35.
Semences de mésintelligence entre les Français et les Suédois,	36.
Les Impériaux tâchent en vain d'en profiter,	38.
Négociations subsidiaires,	40.
Tentatives des Espagnols auprès des Hollandais,	41.
Ombrage en Italie,	41.
Paix séparée des Hollandais,	42.
Le roi d'Espagne refuse la paix,	44.
L'empereur y consent,	44.
Dispositif des traités et ordre des matières,	45.

TABLE.

Réglemens de gouvernement,	46.
Réglemens de religion,	48.
Pertes du clergé catholique,	49.
Dédommagemens de la Suède,	51.
Avantages accordés à la France,	52.
Décision sur la Lorraine,	53.
Sur l'Italie,	54.
Conditions de la paix entre l'Espagne et la Hollande,	55.
Effets de la paix de Westphalie,	59.
Ce qu'on doit penser du travail des négociateurs,	60.
Neutralité prescrite à l'empereur pour la guerre d'Espagne,	61.
Premier motif de la guerre finie par la paix de Westphalie,	61.
Résultat différent de celui qu'on se promettoit,	63.
Stipulation pour la libre navigation du Rhin,	64.
Précautions pour le commerce,	68.

LIGUE DU RHIN.

Occasion de la ligue du Rhin,	71.
Division en ligue catholique et protestante,	73.
La France demande à y être admise,	74.
Efforts de l'empereur contre ces ligues,	74.

Elles se réunissent et n'en font qu'une,	76.
Mesures de l'empereur pour en empêcher l'effet,	77.
Le projet de ligue est toujours suivi,	78.
Elle est renouée de nouveau et affermie,	80.
Ce qu'elle coûtoit à la France,	81.
Nouveaux efforts de l'empereur pour la détruire,	82.
Utilité qu'il en retire,	84.
Elle se dissout,	85.

PAIX DES PYRÉNÉES.

Situation politique des maisons de France et d'Autriche, au moment de la paix des Pyrénées,	88.
Continuation de la guerre après la paix de Westphalie,	90.
Tentative inutile pour la paix,	91.
Alliance de la France avec les Anglais,	92.
Principal obstacle du côté de l'Espagne, levé,	93.
Conférences dans l'île des Faisans. — Différence dans le rôle des plénipotentiaires,	94.
Intention de Philippe IV,	95.
Celle des ministres,	97.
Objet des conférences,	99.

Affaire du prince de Condé, 99.
Affaire du mariage, 107.
Finesse de Mazarin, 109.
Ruse plus qu'adroite, 110.
Affaire du duc de Lorraine, 112.
Conduite de Mazarin à l'égard de Charles II, roi d'Angleterre, 114.
Erreur de Mazarin à son sujet, 115.
Continuation de l'affaire du prince de Condé, 116.
Réglement sur les possessions contestées, 118.
Le contrat de mariage, 120.
Fin des conférences, 121.
Jugement sur les deux ministres, 122.

PRMIERE PAIX D'AIX-LA-CHAPELLE.

Première atteinte portée à la bonne intelligence entre les deux cours, 125.
Alternative proposée de payer la dot, ou de rétracter la renonciation, 128.
Efforts inutiles pour terminer les différens, 130.
Raisons de part et d'autre, 132.
Hostilités, 136.
Négociations, 137.
L'empereur abandonne l'Espagne, 138.
Il partage la monarchie d'Espagne

avec la France, 138.
Conquête de la Franche-Comté, 141.
Traité de la triple alliance, 142.
Louis XIV mécontent des Hollandais. Congrès d'Aix-la-Chapelle, 143.
Vues différentes des Espagnols et des Hollandais, 143.
Louis XIV refuse de confier ses intérêts aux Hollandais, 144.
Traité de St-Germain et paix d'Aix-la-Chapelle, 145.
Conditions du traité, 146.
Motifs de Louis XIV pour la paix, 146.
Dispositions à une nouvelle guerre, 147.

PAIX DE NIMÈGUE.

Motifs de cette guerre, 150.
Précautions, 151.
Traités, 156.
Manifestes. — Celui de France, 156.
Celui d'Angleterre, 154.
Embarras des Hollandais, 158.
Victoires et hauteur de Louis XIV, 159.
Il se trouve embarrassé à son tour, 160.
Toute l'Europe contre la France, 160.
Congrès indiqué à Nimègue, 162.
Départ des plénipotentiaires, 162.
Intérêts du prince Guillaume Stathouder, 163.

TABLE.

Motifs de sa haine pour Louis XIV, et ses effets,	164.
Négociations de Nimègue. — Propositions à l'Empereur,	165.
A l'Espagne,	165.
Au Danemarck,	166.
A la Hollande,	166.
Prétentions des alliés,	167.
Le fort de la négociation est entre les Français et les Hollandais,	169.
Dissimulation concertée entre eux,	170.
Adresse des Français,	171.
Leurs demandes imprévues,	172.
Surprise des Hollandais,	172.
Joie des alliés,	173.
Précaution prudente des Français,	173.
La paix regardée comme rompue,	174.
Elle est signée,	174.
Mécontentement du prince d'Orange, et ses suites,	176.
Conditions des traités,	176.
Traité avec l'Espagne,	179.
Clauses des cessions,	180.
Traité avec l'Empereur,	181.
Sort des autres puissances,	182.
Réflexions sur cette guerre,	183.

AFFAIRE DES RÉUNIONS.

Erection des chambres pour les réunions, 184.
Conférences de Courtrai, 185.
Prise de possession de Strasbourg, et autres villes, 186.
Premières précautions prises contre les invasions, 186.
Grandeur de Louis XIV, 187.
Etat de l'Empire, 188.
Trève de Ratisbonne, 188.

LIGUE D'AUSBOURG.

Conjuration contre Louis XIV, 190.
Son auteur, 190.
Moyens qu'il emploie, 192.
Louis XIV s'irrite et attaque la ligue, 193.
Avantages et échecs de la France, 194.

PAIX DE RISWICK.

Négociations antérieures à la paix de Riswick. — Première tentée en Suède, 196.
Deuxième tentée en Suisse, 197.
Troisième tentée à Liége, 198.
Quatrième tentée à Utrecht, 198.
Testament de Charles de Lorraine, 199.
Traité de Turin et de Valence, 203.

TABLE.

Préliminaires de paix,	205.
Congrès de Riswick,	207.
Chicanes,	207.
Continuation des hostilités,	209.
Difficultés qui se prolongent,	210.
Levées tout-à-coup,	210.
Conclusion de la paix,	211.
Quatre traités. — Celui de la Hollande,	211.
Celui de l'Espagne,	212.
Celui de l'Angleterre,	213.
Celui de l'Empereur,	213.
Parallèle entre la fin du dix-septième, et du dix-huitième siècles,	215.

SUCCESSION D'ESPAGNE.

Droits à la succession d'Espagne,	217.
Variations du roi d'Espagne. — Premier testament,	219.
Préparatifs de Louis XIV,	220.
Premier traité de Partage,	221.
Deuxième testament de Charles II, en faveur du prince de Bavière,	222.
Deuxième traité de partage,	222.
Troisième testament de Charles II, en faveur de la maison de France,	223.
Louis XIV l'accepte, et personne ne réclame,	224.
Motifs de Louis XIV,	226.

Conduite oblique de Louis XIV,	228.
Ressentiment du roi Guillaume,	229.
Alliance de trois puissances contre la France,	229.
Accession de plusieurs puissances,	231.
Mort du roi Guillaume. — Guerre générale,	231.

PAIX D'UTRECHT.

Commencement des négociations,	233.
Propositions de Louis XIV, qui se succèdent par dégradation,	234.
Préliminaires hautains signifiés à Louis XIV,	236.
Pour l'Espagne,	236.
Pour l'empereur et l'empire,	237.
Pour l'Angleterre,	237.
Pour le Portugal,	238.
Pour le duc de Savoie,	238.
Pour plusieurs princes,	238.
Différence mise entre les partisans des alliés et de la France, au préjudice de ces derniers,	239.
Article contesté,	239.
Conférences de Gertruidenberg, propositions humiliantes,	240.
Soumission de Louis XIV, inutile,	241.
Rupture des conférences,	241.

TABLE.

Appel de Louis XIV à la nation. — Son effet,	242.
Espérances du côté de l'Angleterre,	243.
Mort de l'empereur Joseph. — Ses suites,	244.
Préliminaires de la paix,	245.
Congrès d'Utrecht,	246.
Démêlé entre les Anglais et les alliés. Aveu remarquable sur la cause de la gerre,	247.
Utilité de cette mésintelligence pour les Français,	249.
Ils traitent avec chacune de parties séparément,	249.
Dispositions des traités,	281.
Neutralité de l'Angleterre. — Bataille de Denain,	252.
Précautions de l'Angleterre,	252.
Convention entre l'Angleterre et la Hollande,	253.
Traités,	254.
Avec la Savoie,	254.
Avec le Portugal,	256.
Avec le roi de Prusse,	256.
Avec la Hollande, traité d'alliance,	257.
Traité de commerce,	259.

Avec l'Angleterre, traité de paix et
   d'amitié, 260.
Traités de l'Espagne, 263.
Avec l'Angleterre, 263.
L'Assiento, 265.
Traité de commerce, 266.
Traité avec la Savoie, 267.
Traité avec la Hollande, 268.

PAIX DE RASTADT ET DE BADE.

Propositions faites à l'empereur, 269.
Il refuse. --- Continuation des hostilités, 275.
Conférences de Rastadt, 271.
Signature de la paix, 281.
Congrès de Bade, 272.
Articles des traités, 274.
Omissions dans les traités, 277.
Comment on y pourvoit, 278.
Tenacité de Charles VI, 278.
Sort des princes engagés dans la guerre, 279.

DOUBLE ET TRIPLE ALLIANCE.

L'Empereur et le roi d'Espagne d'accord, 281.
Alberoni, premier ministre d'Espagne, 281.
Ses projets, 282.
Triple alliance, 284.
Hostilités de l'Espagne, 285.

Quadruple alliance,	285.
Conditions,	286.
Acceptées par le duc de Savoie,	287.
Et par le roi d'Espagne,	288.

CONGRÈS DE CAMBRAI.

Difficultés pour l'accomplissement de la quadruple alliance,	289.
Congrès de Cambrai,	289.
Compagnie d'Ostende et investitures,	290.
Difficultés de l'Empereur rénouvellées et applanies,	291.
La pragmatique de Charles VI,	292.
Traité de Vienne. --- Rupture du congrès.,	292.

CONGRÈS DE SOISSONS.

Conditions du traité de Vienne.	294.
Alarmes qu'elles causent,	294.
Alliance d'Hanovre,	295.
Hostilités,	296.
Préliminaires de paix,	296.
Congrès de Soissons,	297.
Sa rupture,	297.

TRAITÉS DE SÉVILLE ET DE VIENNE.

Conduite oblique de l'Empereur,	299.
Adresse du cardinal Fleuri,	299.

L'Empereur en est mécontent, 300.
On l'adoucit, 301.
Traité de Vienne, 304.

ACQUISITION DE LA LORRAINE.

Election de Stanislas pour le trône de
   Pologne, 303.
Election d'Auguste III, 303.
La France declare la guerre à l'Em-
   pereur, 304.
Elle excepte envain l'Empire, 304.
Préliminaires de paix, 305.
Traité de paix, 306.
Echange de la Lorraine contre la
   Toscane, 306.
La couronne de Naples cédée à don
   Carlos. Le Milanais et le Man-
   touan assurés à l'empereur, 307.
Partage du roi de Sardaigne, 307.
Ce qui concerne l'Allemagne, 308.
Article de la pragmatique, 308.

DEUXIEME PAIX D'AIX-LA-CHAPELLE.

Prétendans à la succession de
   Charles VI, 309.
Les électeurs de Bavière et de Saxe, 309.

TABLE. xxi

Le roi d'Espagne,	309.
Les rois de Sardaigne et de Prusse,	310.
Premières hostilités du roi de Prusse,	311.
La France prend parti pour l'électeur de Bavière,	311.
Négociations du maréchal de Belle-Ile,	312.
Partage des états de la reine de Hongrie,	313.
Appuyé des armées françaises auxiliaires,	313.
Le roi de Prusse et l'électeur de Saxe font leur paix avec la reine,	314.
Le roi de Sardaigne fait aussi sa paix particulière, et le roi d'Angleterre se déclare,	316.
Le roi de France se déclare aussi, et se rattache le roi de Prusse,	317.
Qui fait de nouveau sa paix avec la reine,	318.
Congrès d'Aix-la-Chapelle,	319.
Traité de paix,	320.
Désavantage de la France dans le traité,	321.

PAIX DE PARIS.

Objets de discussion entre les Français et les Anglais,	322.

Les Anglais attaquent les Français,	323.
Ceux-ci s'engagent dans une guerre de terre,	324.
Le roi de Prusse y prend part,	325.
La guerre de sept ans,	327.
Très-glorieuse au roi de Prusse,	328.
Désastres des Français,	329.
En Asie,	329.
En Afrique,	330.
En Amérique,	330.
Pacte de famille,	330.
L'Espagne prend part à la guerre, attaque le Portugal et essuie des pertes,	331.
Négociation,	332.
Sans succès,	332.
Préliminaires de la paix,	333.
Le roi de Prusse décide la paix,	333.
Paix de l'Empire,	334.
Paix de la France,	335.
Conditions avec l'Angleterre pour l'Amérique,	335.
Pour l'Afrique,	336.
Pour l'Asie,	336.
Pour l'Europe,	336.
Autres cessions de la France,	337.
Possessions anglaises,	337.

PAIX DE VERSAILLES.

Brouillerie des Anglais et des Anglo-Américains,	339.
Ce qui enhardit les Américains,	340.
L'acte du timbre,	340.
Opposition à l'exécution,	341.
Le parlement le retire,	341.
Droit sur le thé,	342.
Mécontentement,	432.
Hostilités,	343.
Déclaration d'indépendance,	344.
Alliance des Français avec les Américains,	344.
Guerre de la France avec l'Angleterre,	345.
Les Espagnols se joignent aux Français,	346.
Différens combats,	347.
Guerre déclarée aux Hollandais. - Neutralité armée,	348.
Négociations. Indépendance reconnue,	351.
Conditions des traités,	353.
Traité de paix pour l'Amérique,	353.
Pour l'Afrique,	354.
Pour l'Asie,	355.
Pour l'Europe,	355.
Réflexions au sujet du traité de commerce. --- Tarif,	356.

TABLE.

RESULTAT.

Nombre et genre des guerres,	362.
Motifs des guerres des Français et des Anglais,	364.
Réflexions sur les guerres de famille,	367.
Réflexions sur les autres guerres,	369.
Réflexions sur les guerres de commerce,	370.
Commencement et progrès du commerce anglais,	370.
Politique soutenue des Anglais,	375.
La défection des Américains peu nuisible pour eux,	377.
Le traité de 1783 ne leur a rien enlevé,	378.
Opinion sur les traités de commerce,	379.

Fin de la Table.

MOTIFS

DES GUERRES ET DES TRAITÉS

DE PAIX DE LA FRANCE,

Pendant les règnes de Louis XIV, Louis XV et Louis XVI, depuis la paix de Westphalie en 1648, jusqu'à celle de Versailles en 1783.

INTRODUCTION.

Les actes les plus solennels entre les hommes, sont les traités de paix. Ils terminent des querelles sanglantes : ils fixent le sort des nations : ils sont consacrés par des sermens. Tous commencent par cette formule imposante : *Il y aura paix et amitié perpétuelle entre les parties contractantes.* Mais comme leur exécution dépend quelquefois moins de la bonne volonté des contractans que de l'empire des circonstances, il arrive par l'instabilité des choses humaines, que ces *paix perpétuelles*, ces *amitiés irrévocables* sont souvent d'une très-courte durée. Il n'est pas rare de voir que les stipulations les plus importantes, celles qu'on a pour ainsi dire investi des conditions les plus sévères, afin d'éloigner d'elles toute équivoque, et d'assurer leur perpétuité, sont précisément celles qui ont donné lieu aux ruptures. Chaque puissance dans ses déclarations et ses manifestes tire presque toujours ses griefs et ses motifs de guerre, des clauses d'un traité qui les a immédiatement précédés : clauses regardées, quand on les a rédigées, comme un palladium sûr contre l'astuce des cabinets et l'ambition des cours.

Ces assurances d'une concorde inaltérable, presqu'aussitôt suivies d'hostilités, puis de conventions, calquées sur les derniers traités, et aussi peu durables, sont communes en Europe. Depuis la paix de Westphalie, qu'on a nommé le *code des nations*. Les négociateurs se sont fait une loi jusqu'à nos jours de la prendre pour base de leurs travaux, d'en renouveller les dispositions et les garanties à la tête de tous leurs actes conciliatoires, comme une condition de rigueur ; cependant elle ne les a jamais empêché d'altérer ou de violer ces mêmes conditions, quand la politique a fait juger leur infraction nécessaire.

C'est donc à ce contract primitif, qui a fait de l'Europe une même société, qui depuis son existence a toujours été et est encore cité comme la sauvegarde des droits vrais ou prétendus des puissances ; c'est à ce diplôme célèbre qu'il faut remonter pour connoître l'enchaînement des intérêts de la France, et les motifs qui lui ont mis les armes à la main, ou lui ont fait successivement signer des traités de paix et d'alliance pendant l'espace de cent trente ans.

PAIX DE WESTPHALIE,
EN 1648.

Depuis le commencement du seizième siècle, une guerre opiniâtre ravageoit l'Allemagne. On l'a attribuée à la haine des religions catholiques et protestantes, qui armèrent leurs prosélites, et firent des plus belles contrées de la Germanie des champs de carnage et de mort. Il est certain que le fanatisme alluma les feux en quelques endroits ; mais la main des deux rivaux, *Charles-Quint et François I*er les dirigeoit, les multiplioit, et propagea l'incendie. L'embrâsement se porta aussi en Italie, ou plutôt il ne fit que s'y perpétuer à l'aide des anciennes prétentions des deux monarques, sur quelques parties de ce riche pays.

<small>Causes des guerres de l'Europe dans le seizième siècle.</small>

Les troubles de religions qui embarrassèrent d'abord *Charles-Quint*, devinrent pour lui et pour ses successeurs, un moyen d'étendre la domination de la maison d'Autriche. Ses princes se rendirent tantôt médiateurs, tantôt arbitres et juges entre cette multitude de souverains qui se partagent l'Allemagne. Ils les secoururent alternativement dans leurs guerres, pour les affoiblir les uns par les autres. Armés de l'autorité impériale, ils élevèrent des familles, en abaissèrent d'autres, prononcèrent des confiscations, se les appliquèrent et en augmentèrent leur domaine. De sorte qu'il étoit aisé de voir qu'ils aspiroient à rendre l'empire héréditaire dans leur famille, par force, si on ne leur en conféroit ou conservoit pas volontairement la couronne.

Projets d'Henri IV. *Henri IV* apperçut sans doute ce dessein. Au lieu de lui prêter le projet gigantesque de la *république chrétienne*, qui auroit divisé l'Europe en quinze parties, gouvernées par un seul conseil, on peut croire qu'il se proposa seulement de rendre la maison d'Autriche moins redoutables en l'occupant tant en Allemagne qu'en Italie, et la forçant d'y concentrer ses forces, de manière qu'elle ne seroit plus en état de susciter ou d'entretenir des troubles en France, comme avoit fait *Philippe II* pendant la ligue.

En Italie, *Henri IV* devoit se rendre auxiliaire de *Charles Emmanuel*, duc de Savoie, qui s'attribuoit des droits sur le Milanais, en dédommagement d'une dot trop modique qu'il avoit reçue de *Philippe II*, lorsqu'il épousa *Catherine*, sa fille puînée. En Allemagne, *Henri IV* se disposoit à se déclarer le protecteur des héritiers légitimes des duchés de Clèves et de Juilliers, que l'empereur *Rodolphe II* vouloit s'approprier. Et comme les deux branches d'Autriche, Espagnole et Allemande, quant aux intérêts, ne faisoient qu'une, il se proposoit de porter la guerre dans les pays-bas Espagnols, lorsqu'il fut assassiné au milieu de ses préparatifs, le 14 mai 1710.

Sa mort changea la politique de la France. *Marie de Médicis*, sa veuve se lia à la maison d'Autriche, par le mariage de *Louis XIII*, son fils, avec l'infante d'Espagne, *Anne* d'Autriche, fille de *Philippe III*, contracté en 1615. Le connétable de *Luynes*, devenu maître de la confiance de *Louis XIII*, et de la direction des affaires, par les brouilleries entre la mère et le fils, se montra encore plus zélé qu'elle pour la maison d'Autriche.

L'empereur *Ferdinand II*, alors peu assuré sur le trône de Hongrie, aspiroit à celui de Bohême. Les Etats de ce dernier royaume, l'en exclurent et élurent, le 3 septembre 1619, *Frédéric V*, électeur palatin, gendre de *Jacques* Ier, roi d'Angleterre, et neveu du prince *Maurice d'Orange*, qui fondoit la république de Hollande, dans les provinces des Pays-Bas attachés à la maison d'Autriche espagnole. *Frédéric* fut d'abord reconnu non-seulement en

[marginal: Contrariés par sa veuve et le conseil de France.]

Bohême, mais en Silésie, Moravie, même dans la Haute-Autriche. Il eut aussi pour lui les mécontens de Hongrie et presque tous les princes protestans d'Allemagne. La guerre s'allumoit de tous côtés. *Ferdinand* eut l'adresse d'engager la France à en arrêter les progrès. Le duc *de Luynes* fut flatté de pouvoir donner à son ministre l'éclat d'une pareille médiation. Il envoya une célèbre ambassade qui se présenta dans plusieurs cours d'Allemagne, négocia, obtint des trèves, et enfin amena les princes, auparavant ligués contre les prétentions ambitieuses de l'empereur, à convenir d'une paix qu'ils signèrent à Ulm, le 3 juillet 1620, ils s'engagèrent à ne se point mêler du différend entre l'empereur et l'électeur palatin, pour le royaume de Bohême, et à ne secourir celui-ci qu'en cas qu'il fut attaqué dans ses Etats du palatinat. Par là *Ferdinand* fut maître d'employer toutes ses forces en Bohême. Il en eut bientôt chassé l'infortuné *Frédéric*, qu'il dépouilla même ensuite de son électorat. Ainsi la médiation de la France valut à la maison d'Autriche, l'acquisition de la couronne de Bohême, et la possession sûre de celle de Hongrie qui lui étoit disputée. Alors commença ce qu'on a appellé *la guerre de trente ans*.

<small>Repris par Richelieu sous Louis XIII.</small> Le *cardinal de Richelieu*, appellé au ministère en 1624, reprit le systême d'*Henri IV* : il fit connoître, tant par ses actions que par quelques paroles échappées à sa discrétion ordinaire, que le colosse de la maison d'Autriche, prodigieusement agrandi depuis vingt ans, ne devoit pas être regardé d'un œil indifférent. On peut présumer que dès-lors il se proposa de l'attaquer; mais il crut prudent d'abattre auparavant le calvinisme, ce qu'il effectua par la prise de la Rochelle, en 1628.

Dés 1729, le ministre mena *Louis XIII* en Italie, afin d'empêcher l'Empereur de s'emparer du duché de Mantoue, ou pour lui-même, ou pour le partager aux princes ses partisans, qui convoitoient cet état au préjudice de *Gonsalve*, duc de Nevers, légitime héritier attaché à la France. Les succès du monarque furent rapides et décisifs : il en résulta des traités d'alliances offensives et défensives, destinés à circonscrire les anciennes invasions de la maison d'Autriche, ou à prévenir celles qu'elle projettoit. Cette ligue força l'Empereur de laisser beaucoup de troupes en Italie, et le détermina en grande partie à faire la paix avec le roi de Dannemarck, qui, traité avec peu de ménagemens par l'impérieux *Ferdinand*, avoit soulevé contre lui toute la Basse-Allemagne.

Cette paix heureusement conclue en 1629, enhardit l'Empereur à appésantir son despotisme sur les princes du centre de l'Allemagne. La politique de la maison d'Autriche les tenoit fort divisés entre eux; ils sentoient le joug, le portoient avec impatience, et voyoient le

<small>Comment les effectu en Allemagn</small>

danger qui les menaçoit d'être asservis les uns apres les autres; mais ils n'avoient point de chef pour se réunir et défendre leur souveraineté et leurs priviléges attaqués partiellement. *Richelieu* leur en procura un, et saisit habilement l'occasion qu'il cherchoit depuis long-tems de s'immiscer dans les affaires d'Allemagne, et de porter des coups funestes à la maison d'Autriche dans le centre de sa domination.

Ferdinand avoit écouté avec une froideur qui tenoit du mépris des plaintes que lui fit *Gustave Adolphe*, roi de Suède, sur plusieurs griefs, entr'autres sur les secours accordés par l'empereur au roi de Pologne, avec lequel le monarque suédois étoit en guerre. *Gustave* fut piqué : *Richelieu* le sut; il ménagea si bien le ressentiment du Suédois, qu'il l'engagea à laisser la guerre de Pologne, et à la porter en Allemagne. Par un traité signé le 13 janvier 1631, le cardinal lui promit des subsides considérables, tant que la guerre dureroit.

Elle fut entamée sur-le-champ. *Gustave* lui donna pour motif, la nécessité de réprimer l'ambition de la maison d'Autriche, qui tendoit à l'empire universel, d'assurer les droits et priviléges du corps germanique, et de faire restituer à plusieurs princes les états dont ils avoient été dépouillés. Il y avoit peu de protestans qui n'eussent été attaqués dans leurs possessions : la plupart se réunirent au roi de Suède, les uns volontairement, les autres forcés par ses succès qui le mirent au milieu de leurs états, et ne leur permirent pas de rester neutres. On ne sait pas jusqu'où il auroit porté ses conquêtes, et l'Empereur commencoit à trembler sur son trône, lorsqu'il fut tué au sein de la victoire dans les champs de Luthen, le 16 novembre 1632. Ses généraux continuèrent ses exploits : la France les soudoya, et acheta des Suédois, en 1635, plusieurs places de l'Alsace dont ils s'étoient emparés.

Victoire des Suédois et avantages que France en retire.

Efforts de la maison d'Autriche contre la France.

La maison d'Autriche persuadée que ses désastres lui venoient de la politique de *Richelieu*, travailla à rompre la ligue que le cardinal avoit formée contre elle. elle y réussit par un traité signé à Prague, le 30 mai de cette même année 1635. Libre de ce côté, elle tourna tous ses efforts contre la France : *Richelieu* eut lieu alors de reconnoître combien est redoutable une famille puissante et bien unie, quand elle met en actions toutes ses forces. Les deux branches allemandes et espagnoles rassemblèrent plusieurs corps d'armée qui pénétrèrent en France, dans les années 1635 et 1636 ; l'une par la Franche-Comté, en Bourgogne, l'autre par la Flandre, en Picardie, pendant qu'une escadre inquiétoit les côtes de la Provence et y faisoit une descente ; l'armée de Picardie s'avança presque jusqu'à Paris, où elle jetta la terreur ; mais elle fut repoussée ainsi que les autres, et la guerre se reporta dans les états autrichiens.

Richelieu mit alors en jeu tous les ressorts de sa politique, pour y concentrer les hostilités : il réussit pendant tout le reste de son ministère. S'il ne fit pas soulever la Catalogne, il donna par ses secours de l'audace aux révoltés, et contribua beaucoup à la révolution qui sépara le Portugal de l'Espagne, deux événemens de 1640.

<small>Préliminaires de la paix, sans cessation d'hostilités.</small>

Sans doute ils firent naître les dispositions pacifiques qui se montrèrent en 1641, d'autant plus que l'Empereur n'avoit pu réussir à se procurer un accomodement particulier avec les princes et états de l'empire alliés de la France et de la Suède. Le roi de Danemarck qui se porta pour médiateur, parvint donc à faire signer, le 25 decembre 1641, dans la ville de Hambourg, des articles préliminaires de paix entre l'Allemagne, l'Empire et la Suède. L'Espagne gouvernée par le foible *Philippe IV*, n'entra pas dans ce traité, et continua, si on peut se servir de ce terme, à batailler contre ses sujets rebelles. La guerre ne cessa pas non plus totalement par l'effet des préliminaires en Flandre et en Allemagne, ni en Italie; mais elle se fit avec tiédeur et lenteur, parce que l'attention de *Louis XIII* et de son ministre, étoit distraite des affaires étrangères, par les intrigues de cour, qui occupèrent les dernières années de ce règne. Ils moururent à cinq mois l'un de l'autre : le roi le 14 mai 1643, laissant la couronne à *Louis XIV*, son fils aîné, sous la tutelle d'*Anne d'Autriche*, sa mère.

<small>Congrès de Munster et d'Osnabruck.</small> Une des premières opérations de la régente fut de reprendre les négociations qui restoient suspendues : on en assigna le siége à Munster et à Osnabruck, deux villes de Westphalie, peu éloignées l'une de l'autre. Les négociateurs protestans occupèrent Osnabruck, d'où il se rendoient, pour les assemblées communes à Munster, où demeuroient les catholiques. L'empereur ayant des intérêts à ménager également avec les catholiques

et les protestans, envoya des ambassadeurs dans l'une et l'autre ville. Malgré les vœux de l'Europe, pour l'ouverture d'un congrès qui devoit terminer une guerre si longue, les plénipotentiaires ne se trouvèrent rassemblés qu'à la fin d'avril 1644, et n'entamèrent les conférences que les premiers jours de mai.

Les catholiques assemblés à Munster avoient pour médiateurs, que les protestans ne vouloient pas reconnoître, le pape et le sénat de Venise, représentés l'un par *Fabio Chigi*, l'autre par *Louis Contarini*, deux sujets d'élite, puisque l'un devint souverain pontife, sous le nom d'*Alexandre VII*, et l'autre doge de la république. Les protestans siégeant à Ornabruck, reconnoissoient pour médiateur le collège des ambassadeurs de Suède, qu'on auroit dû appeller aussi modérateur, parce qu'il avoit à diriger et concilier les envoyés d'une multitude de princes protestans. La Suède, elle-même, avoit beaucoup d'intérêts propres à dis-

Médiateurs

cuter, ce qui la rendoit en bien des occasions partie, plutôt que médiatrice. Le chef de l'ambassade étoit le fils du chancelier *Oxiensliern*, qui, pendant la minorité de la jeune *Christine* soutenoit en Europe, par ses lumières et sa prudence, la prépondérance que les victoires de *Gustave Adolphe*, son père, et de ses généraux avoient acquise à la Suède.

<small>Plénipotentiaires français.</small> Les plénipotentiaires français étoient *Claude de Mesmes*, comte d'Avaux, très-versé dans les affaires de l'Empire, où il avoit déjà négocié; *Abel Servien*, qui, employé dans celles d'Italie, s'étoit fait estimer de *Richelieu* et possédoit la confiance de *Mazarin*. On leur joignit, quand la négociation fut avancée et presqu'à son terme, *Henri d'Orléans, duc de Longueville*, soit pour donner plus d'éclat à l'ambassade, par la présence d'un des premiers seigneurs de la cour, soit pour l'éloigner des intrigues de la fronde, dans lesquelles sa femme, sœur des princes de Condé et de Conti,

et trop puissante sur son esprit, cherchoit à l'entraîner 1).

Un auteur estimé entre les publicistes modernes, nous trace en peu de mots *Objet du congrès.*

---

1) Ce fut un motif encore plus étranger à la capacité diplomatique, qui fit mettre *Gaspard de Bracamonté, comte de Pigneranda,* à la tête de l'ambassade d'Espagne. Dans un âge assez avancé, il avoit épousé une très-belle femme, qu'il tenoit cachée dans ses terres, où il vivoit solitairement avec elle. Les précautions prises par l'époux pour dérober la comtesse aux regards des courtisans, font désirer de la voir. On suppose qu'appellé à la cour, sous quelque prétexte qui lui feroit honneur, il n'y viendra pas sans elle, on lui écrit donc que le roi veut le consulter sur les affaires de la paix. Il arrive. Quand on l'a entendu, on lui trouve tant de connoissances, tant de talents et de dextérité à manier les esprits, qu'on croit ne pouvoir se passer de lui à Munster. Il part comme chef de l'ambassade. Mille difficultés qu'on lui montre, empêchent qu'il ne puisse emmener la comtesse. Comme les affaires se prolongeoient, il demande à revenir, afin, disoit-

l'objet et le but de ce congrès célèbre 1). « Il s'agissoit, dit-il, de dé-
» brouiller un chaos immense d'intérêts
» opposés, d'enlever à la maison d'Au-
» triche des provinces entières, de réta-
» blir les loix et la liberté de l'empire
» opprimé, et de porter en quelque sorte
» des mains prophanes à l'encensoir, en
» enrichissant les protestans aux dépens
» des catholiques, pour établir entre
» eux une espèce d'équilibre ».

Instructions données aux ambassadeurs français.

Telle étoit en général la matière des négociations qui alloient s'entamer au congrès. La France y portoit des prétentions qui sont très-habilement exposées

il de ne pas laisser périr la race des *Bracamonte*. Mais le salut de l'état étoit bien d'une autre importance que la durée d'une famille, qu'il auroit été perpétuer dans ses terres. La comtesse l'attendit à la cour, dont on rendit le séjour assez agréable au comte, quand il y fut revenu, pour qu'il ne regretta plus ses déserts.

1) Mabli. Droit public de l'Europe. La Haie, 1746. Tom. 1, p. 8.

et fortifiées de leurs principales preuves dans les instructions données à ses plénipotentiaires. La manière de les produire sous un jour flatteur pour les faire agréer, la marche lente et circonspecte à suivre pour ne pas effrayer par des demandes trop étendues, est tracée avec beaucoup d'intelligence 1).

1) Les auteurs que nous avons consultés pour ces sommaires des négociations du congrès, sont, outre les manuscrits existans dans le dépôt des relations extérieures : 1°. *Discours des affaires qui sont aujourd'hui entre les maisons de France et d'Autriche.* Petit in-4°, 1643.

2°. *Mémoires pour servir à la conférence pour la paix entre l'empereur, le roi d'Espagne et la France*, P. D. et T. G., petit in-fol. sans date.

3°. Un grand in-fol. composé de deux parties. La fin manque. Première partie : *Mémoire extrait des préliminaires, dépêches et actes de la négociation de Munster.* Deuxième partie : *Ce que la France a fait pour assurer la liberté de l'Allemagne, contre les prétentions et entreprises de l'empereur.*

Sur les trois évêchés.

Les trois évéchés de Metz, Toul et Verdun avoient été détachés du corps germanique et cédés à la France sous le règne d'*Henri II*; mais des défauts de formalités sembloient ouvrir la porte à des réclamations. On se doutoit qu'elles pourroient être objectées dans le congrès, c'est pourquoi le conseil de *Louis XIV* prescrit de ne laisser, sous aucun prétexte, mettre en question la souve-

4°. *Les actes de l'assemblée de Munster et d'Osnabruck*, recueillis en 5 vol. in-fol. Ils sont imprimés avec peu de changemens.

Entre les imprimés :

1°. *Histoire des guerres et négociations qui ont précédé la paix de Westphalie, par le P. Bougeant, de la compagnie de Jésus.* 3 vol in-4°.

2°. *Adami adami episcopi hierapolitani et ad tractatus pacis Westphalicæ quondam legati relatio historica de pacificatione Osnaburga-monastericusi.* Un vol in-4°.

3°. *Négociations secrètes touchant la paix de Munster.* La Haie, 1724, 4 vol. fol.

raineté de la France sur ces trois villes et leur dépendances.

Quant à la Lorraine, elle doit rester réunie à la France comme son ancien patrimoine 1). D'ailleurs, le dernier

Sur la Lorraine.

1) Il parut en 1644, à Paris, chez Nicolas Bessin, un *in-octavo* de 131 pages, dédié à la reine régente mère du roi, par *Chantereau Lefebvre*, sous ce titre : *Question historique: si les provinces de l'ancien royaume de Lorraine, doivent être appellées terres de l'Empire.*

Le résultat des recherches de *Chantereau* est : 1°. Que le royaume de Lorraine existoit avant qu'il y eut un *Empire* d'Allemagne.

2°. Qu'il a appartenu à la France occidentale, laquelle commençoit au Rhin, et s'avançoit vers la Meuse.

3°. Que les terres renfermées dans cet espace, telles que les évêchés de Toul, Metz et Verdun, de Liége, de Mayence et autres n'ont été séparées du royaume de France, à la fin de la première race, que pour être réunies non à l'Empire d'Allemagne, qui n'existoit pas encore, mais au royaume d'Austrasie, faisant partie du total de la France.

duc de Lorraine l'a cédé à *Louis XIII* par un traité solennel. On la retiendra tant en punition des infidélités personnelles du duc, qu'en dédommagement des frais de la guerre. Il paroît que le conseil de France n'étoit pas bien convaincu de la légitimité de ses prétentions

4°. Que c'est par confusion, et en étendant le mot d'*Empire*, à ce que l'empereur d'Allemagne possédoit comme roi de Germanie, ou de Franconie, que les terres entre Rhin et Meuse, ont été appellées impériales.

5°. Que cette erreur s'est perpétuée par l'intérêt qu'avoient les possesseurs de ces provinces à se faire croire membres de l'Empire, afin de tenir à un corps qui pouvoit les protéger : et aussi par l'intérêt qu'avoient les modernes empereurs d'Allemagne, à étendre leur domination féodale sur ce que possédoient les empereurs dits romains, descendans de *Charlemagne*, et par conséquent sur la Lorraine et les terres outre Rhin, à leur égard, faisant primitivement partie de la France occidentale.

Ecrivant en 1644, lorsqu'on parloit déjà d'un congrès où devoit se décider le sort des sur la Lorraine, puisqu'après avoir cité comme vraie cession le traité de Saint-Germain, du 2 avril 1641, par lequel le duc *Charles IV* s'étoit assujetti seulement à un hommage rigoureux de ses états à la France ; traité d'ailleurs peu volontaire, l'instruction ajoute : *Que peut dire à cela la maison d'Autriche ? N'est-ce pas ainsi qu'elle s'est enrichie ?* C'est-à-dire par des injustices.

Outre Brissac, qu'elle a acheté des Suédois, ajoute l'instruction, la France

Sur l'Alsace.

duchés de Lorraine et de Bar, que la France possédoit, et celui de quelques Etats, entre Rhin et Meuse, qu'elle prétendoit, *Chantereau* paroît avoir eu intention de fournir aux plénipotentiaires français des argumens pour retenir la Lorraine, et revendiquer d'autres terres entre Rhin et Meuse, prenant par-tout le Rhin pour borne de la France, sans que le corps Germanique pût se plaindre qu'on blessoit son intégrité, puisque dans l'origine, disoit-il, ces provinces n'en faisoient pas partie, et qu'elles ne lui avoient été adjointes que par confusion et par erreur.

a conquis plusieurs villes dans la Haute et Basse-Alsace. Elle demande à retenir celles qu'elle a et leur territoire, et pour que ces provinces ne restent pas traversées par plusieurs souverains, elle désire s'accommoder avec les possesseurs de celles qu'elle n'a pas 1). Il faudra démontrer aux États de l'Empire, qu'ils sont intéressés à appuyer cette demande, tant pour resserrer la domination de la maison d'Autriche, que pour procurer à la France l'entrée dans les diètes de l'Empire, et le moyen d'y balancer la trop grande influence de l'empereur.

1) On observera que non - seulement la Haute et Basse-Alsace, mais tout le Bas-Palatinat, les provinces de Bergues et de Juilliers, et toutes celles qui sont trans-rhenanes à l'égard de l'Allemagne, et cis - rhenanes à l'égard de la France, sont présentées par *Chantereau Lefebvre*, comme attachées à la France, en faisant partie, et pouvant être détachées du corps Germanique, sans blesser son intégrité.

On se gardera bien de mettre en compromis la possession du Roussillon et de la Cerdagne. La France, par les conquêtes du dernier règne, n'a fait que rattacher à elle ces provinces, sur laquelle elle avoit des droits anciens 1). Quant aux Catalans, s'étant déclarés affranchis de la domination d'Espagne, qui les a porté à cet acte en violant leurs priviléges, il a été libre à la France d'accepter leur obéissance et de se les incorporer, puisqu'ils n'étoient plus sujets des Espagnols.

Sur le Roussillon et la Catalogne

Si la cour d'Espagne continue à réclamer l'Artois, comme faisant partie de

Sur l'Artoi

---

1) Ces droits sont une vente faite à Louis XI par *Jean*, roi d'*Arragon*, en 1462. *Charles VIII* les rendit en 1493, à *Ferdinand le catholique*, sans exiger la restitution du prix de l'achat, afin de n'être point inquiété par ce prince dans ses projets sur le royaume de Naples. Cette générosité fut mal reconnue. *Charles VIII* et *Louis XII* n'ont pas eu en Italie d'ennemi plus actif et plus opiniâtre que *Ferdinand*.

l'ancien duché de Bourgogne, qu'elle prétend n'avoir pas cédé, il faudra lui redemander le royaume de Navarre, qu'on n'a jamais cédé non plus, et si on se trouve pressé, il faut accorder par composition quelques petites places dans le Luxembourg et les environs.

<small>Sur l'Italie.</small> Pour l'Italie, on aura soin que la maison d'Autriche-Espagnole se renferme dans ses anciennes limites du côté du Milanais et du Parmésan, et qu'elle rende ce qu'elle a usurpé sur les petits princes voisins. Les Français, en revanche, offriront d'abandonner ce qu'ils possèdent en Piémont et ailleurs, excepté Pignerol, que le duc de Savoie leur a cédé par le traité de Casal. Ils retiendront cette forteresse pour être toujours en état de prévenir les usurpations que les Espagnols pourroient tenter après la paix.

<small>Intérêts du Portugal recommandés et attention sur les Hollandais.</small> Deux choses encore sont recommandées comme très-importantes. La première, que la cour d'Espagne abjure toute prétention sur la couronne de Por-

tugal : la seconde, que l'on veille attentivement à ce que les Hollandais ne se laissent pas séduire par les offres et promesses que leur feront les Espagnols pour les détacher de la France et les engager à une paix particulière.

L'instruction dont nous donnons la substance, porte la prévoyance au-delà du traité; car, dit-elle, pour en assurer l'exécution, il faut une garantie, et cette garantie, les plénipotentiaires français feront sentir qu'elle ne peut guères s'opérer que par deux ligues, l'une en Italie, l'autre en Allemagne. Comme ce moyen seroit très avantageux à la France, qui y joueroit un rôle principal, ses plénipotentiaires auront grande attention de jetter dans la négociation les fondemens de cette union, en vertu de laquelle les puissances contractantes prendront l'engagement de soutenir le traité de toutes leurs forces.

Prévoyance pour une ligue.

Les princes d'Italie, disoit-on, ne seront pas difficiles à réunir, parce qu'ils désireront tous également la perpétuité d'une paix, dont les conditions ne tendroient qu'à leur assurer sans trouble la possession de leurs petits États sous la protection de la France. Ceux d'Allemagne n'auront peut-être pas la même sécurité. Ils pourront appréhender que, sous prétexte de les décharger du joug de la maison d'Autriche, la France ne réussisse à les priver du secours de cette puissance dans le moment où ils en auroient besoin; l'importance sera donc d'écarter ces ombrages. Pour y parvenir, nos plénipotentiaires auront grand soin de ménager nos alliés, qui sont presque tous les protestans. On commencera la négociation par leurs intérêts, et surtout on tâchera de leur persuader que la France n'a armé que pour leur sûreté, et qu'elle ne cherche à s'établir solidement dans le voisinage de l'Allemagne, que pour être plus à portée de les secourir quand l'empereur voudra les opprimer.

Dociles à ces instructions, les plénipotentiaires français, afin de gagner les petits princes d'Allemagne, refusèrent d'ouvrir les conférences avant l'arrivée de leurs représentans. Beaucoup d'entre eux n'étoient pas dans l'usage de députer aux assemblées de cette haute importance ; les ambassadeur français les y invitèrent tous sans exception, par une circulaire répandue avec profusion. Ils leur y remontroient que c'étoit par une tyrannie de la maison d'Autriche qu'ils avoient été jusqu'alors écartés de ces assemblées, qu'ils y avoient un droit indubitable, et sur-tout à celle-ci, puisqu'elle étoit principalement convoquée pour discuter les intérêts des petits possesseurs comme des grands.

Invitation des plénipotentiaires français à tous les princes de l'empire.

Les plénipotentiaires impériaux se plaignirent hautement du fonds et de la forme de cette lettre exhortatoire : du fonds, en ce qu'elle faisoit naître des prétentions, auxquelles plusieurs princes n'auroient jamais pensé : de la forme,

Mécontentement des Impériaux à ce sujet, e satisfactio

en ce qu'elle calomnioit en termes injurieux l'exercice légitime de l'autorité impériale, dans l'intention de la rendre odieuse et d'exciter un soulèvement contre elle. On leur donna quelque satisfaction sur ce dernier article 1); mais la proclamation eut son entier effet. Tous les États d'Allemagne s'agitèrent. Les moins considérables envoyèrent comme les autres des députés, qui s'attachèrent aux plénipotentiaires français comme à leurs protecteurs.

<small>Propositions des Impériaux et des Espagnols.</small> Quand le plus grand nombre fut arrivé, on crut que la négociation alloit commencer. Les médiateurs se hâtèrent de

---

1) On avoit répandu cette lettre en deux langues, française et latine. La dernière, faite pour l'Allemagne, contenoit beaucoup plus de ces termes durs, dont les impériaux se plaignoient. On en rejetta la faute sur le traducteur de l'original français. Il fut mis en prison, et sans doute, selon le procédé ordinaire de ces ruses politiques, il n'y resta pas long-tems.

demander aux français leurs propositions. Les Impériaux et les Espagnols donnèrent celles qui leur étoient prescrites : elles contenoient beaucoup en peu de mots ; c'étoit de prendre pour base le traité de Ratisbonne conclu en 1630 lorsque *Louis XIII*, content de ses succès d'Italie, n'avoit encore rien enlevé en Allemagne, et en conséquence de restituer tout ce qui avoit été pris depuis, tant à l'Empire qu'à la maison d'Autriche. Le roi d'Espagne, en réclamant ce qui avoit été conquis sur lui, enveloppoit sa demande de protestations d'amitié pour la reine régente de France, sa sœur, et pour *Louis XIV*, son neveu, et c'étoit à ces sentimens de tendresse qu'on devoit, disoit-il, le sacrifice des dédommagemens qu'il auroit eu droit d'exiger.

Cette communication se faisoit vers le milieu de 1644. Dans ce tems, le duc *d'Enguien*, depuis prince de *Condé*, réuni à *Turenne*, battoit les Impériaux

Délais des Français.

sous Fribourg et jetoit l'épouvante sur les deux rives du Rhin. Dans les Pays-Bas, *Gaston*, duc d'Orléans, remis en honneur depuis la mort de *Louis XIII*, son frère, s'emparoit de Gravelines et faisoit craindre pour toute la Flandre. Les affaires, sans être si prospères en Italie, l'étoient cependant encore assez pour faire espérer aux négociateurs français de Munster, que de nouvelles victoires améneroient leurs adversaires à des propositions moins vagues. En conséquence, ils ne faisoient point de réponses, ou n'en faisoient que d'évasives.

Impatience des médiateurs.

Les médiateurs, qu'une pareille conduite réduisoit à une inaction absolue, ne pouvoient s'empêcher de montrer de l'impatience. Les Espagnols faisoient un jour une proposition qui paroissoit raisonnable à *Contarini*, et qu'il appuyoit avec chaleur. *Mazarin*, qu'on instruisit de la vivacité du médiateur, fait dans sa réponse une réflexion utile à tout homme chargé de conciliation. « *Contarini*, dit-

» il, peut bien avoir quelque raison,
» mais il n'y a point de qualité moins
» propre pour des médiateurs, que celle
» de s'impatienter et de signifier trop
» violemment les intentions des parties.
» Ils doivent être le symbole de la pa-
» tience. Les conditions qui leur con-
» viennent davantage, sont celles d'être
» souples, plians, accommodans, faire
» valoir à chacune des parties les rai-
» sons de l'autre; mais non les siennes
» propres : si bien que quand ils sortent
» de ces termes, ils ruinent l'essence de
» la médiation ».

Le cardinal donna ordre de faire quelques pas en avant, et enfin, vers le milieu de 1645, on commença à traiter sérieusement. Les Français proposèrent dix-huit articles; mais enveloppés d'ambiguités qui pouvoient donner lieu à des rétractations. De ces dix-huit articles, il y en avoit peu qui les regardassent directement. La plus grande partie rouloit sur la liberté de l'Empire, la seule chose,

Propositions des Français et des Suédo[is].

disoient-ils emphatiquement, qui leur tint à cœur et qui leur fit prodiguer les trésors et le sang des Français. Les Suédois, sans négliger les prétentions de leurs co-états, firent pour eux-mêmes des demandes trés-amples. Quelqu'exhorbitantes qu'elles fussent, les Impériaux n'en parurent pas trop révoltés; ce qui fit concevoir l'espérance d'une paix prochaine; mais le vieux chancelier *Oscenstiern*, qu'on en félicitoit, ne se laissoit pas tromper par cette apparence. Il répondit au compliment : *Il y a encore bien des nœuds qu'on ne pourra trancher qu'avec l'épée.*

Semences de mésintelligence entre les Français et les Suédois.

En effet, pendant qu'on traitoit la paix dans une ville, le reste de l'Europe éprouvoit les horreurs de la guerre. Les succés et les revers donnèrent plus ou moins d'activité aux conférences, et changèrent pendant les années 1646 et 1647, presque chaque jour l'état de la négociation. On doit remarquer dans ce congrés le danger de la temporisation.

Une difficulté en amène une autre, et il arrive quelquefois que des alliés, unis par des intérêts communs et pleins de confiance l'un dans l'autre en commençant, conçoivent des soupçons qui les brouillent à la fin, et les parties adverses en profitent.

Les choses n'en vinrent pas tout-à-fait à cette extrémité entre les Français et les Suédois; mais ils eurent des contestations assez animées. Les Suédois ne mettoient pas de bornes à leurs prétentions contre le clergé catholique. Chapîtres, abbayes, évêchés, des provinces entières, ils auroient voulu tout lui arracher pour le transporter aux protestans. Les Français consentoient bien qu'on fit aux protestans quelques concessions assez importantes; mais ils ne vouloient pas qu'on dépouillât trop les catholiques.

Les deux nations ne s'accordoient pas mieux sur un autre objet; savoir, de conserver à la France des possessions allemandes, qui lui auroient donné des droits dans le corps germanique. Les Impériaux ne cessoient de représenter qu'il n'y avoit rien de si dangereux qu'une pareille concession; parce qu'un premier pas accordé à une nation puissante, seroit bientôt suivi d'un second, et qu'on ne pouvoit prévoir où elle s'arrêteroit. Les Suédois ne pouvoient s'empêcher d'appercevoir le danger. Ils partageoient la répugnance des Impériaux, et appuyoient le refus, qui en étoit une suite.

Les Impériaux lâchent en vain d'en profiter.

L'empereur avoit envoyé en 1646, au congrès, pour aider ses autres plénipotentiaires, le comte de *Trantmandoff*, homme très-habile et très-adroit, qui avoit toute sa confiance et qui la méritoit. La circonstance de cette mésintelligence naissante entre les Français et les Suédois, lui fit imaginer de tourner contre la France les batteries qu'elle avoit dressées contre la puissance autrichienne. C'est en faisant espérer aux princes protestans des biens et des priviléges, que les Français les avoient confédéré contre la maison d'Autriche, dont le zèle pour le catholicisme étoit connu : *Trantmandoff* travailla à les regagner, en leur promettant la jouissance paisible des biens ecclésiastiques qu'ils possédoient, un entier oubli de leur défection et amnistie pour ceux qui pourroient en avoir besoin.

Le rassemblement de la multitude de députés, procuré par les Français au commencement du congrès, pour traiter avec tous en même-temps, devenoit à l'autrichien favorable pour le même objet. Les trouvant ainsi réunis sous sa main, il les fit solliciter par ses agens, les tenta lui-même par toutes sortes de promesses, et se flatta de pouvoir les ramener aux intérêts d'Autriche; mais les Français rompirent toutes ses mesures. Ils firent remarquer, entre autres vices des offres de *Trantmandoff*, que l'amnistie, la condition la plus importante, étoit exprimée en termes équivoques et incomplets. Ceux qu'elle regardoit, et qui étoient le plus grand nombre de ces petits souverains, révoltés contre le despotisme impérial, la rejetèrent, et s'ils s'étoient laissé un moment ébranler, rappellés pour lors à leurs premiers sentimens, ils ne se rattachèrent que plus étroitement aux Français, qu'ils regardoient comme leurs protecteurs.

Le cabinet de Stokolm fit aussi dans le même temps des demandes qu'il signifia aux Français d'une manière un peu hautaine. Aussitôt *Trantmandorff* s'empresse de persuader aux Français qu'ils doivent être choqués. Il espéroit les brouiller; mais il ne réussit pas. Les plénipotentiaires s'expliquèrent, se concilièrent, et n'en devinrent que meilleurs amis.

Négociations subsidiaires.

Les négociations ne se renfermoient pas toutes dans Munster et Osnabruck. *Mazarin* en avoit ménagé une avec le duc de Bavière. Il parvint à le séparer de l'empereur; mais seulement pour un temps. Le changement des circonstances rapprocha l'électeur de *Ferdinand* peu de temps après. C'étoient les opérations militaires plus ou moins heureuses qui occasionnoient ce flux et reflux d'alliances et de ruptures.

En même tems les Espagnols faisoient des efforts auprès des Hollandais, pour obtenir une paix séparée ; et ceux-ci commencerent à prêter l'oreille à des propositions de paix qui leur assuroient tout ce qu'ils avoient désiré par la guerre. Ces dispositions connues des Français, les inquiétoient. *Tentatives des Espagnols auprès des Hollandais.*

Ils apprenoient aussi avec chagrin que les Italiens si inclinés d'abord pour eux, avoient insensiblement conçu des soupçons au sujet de l'ascendant que les Français prenoient chez eux. Ces ombrages etoient élevés par *Innocent X*, qui haïssoit et persécutoit les *Barberins* que *Mazarin* protégeoit. Cette mauvaise humeur entre le cardinal et le souve- *Ombrages en Italie.*

rain pontife, dégénéra en hostilités. Mais que pouvoit le pape contre toutes les forces de la France dont Mazarin disposoit? Une descente de quelques régimens français sur les côtes de l'état ecclésiastique, amena une négociation qui produisit la paix entre le saint-siége et le ministre de France, et par suite, les princes italiens s'engagèrent à ratifier ce qui seroit statué à Munster, touchant les limites de leurs états et leurs intérêts respectifs.

Paix séparée des Hollandais.
Quatre ans de dissentions n'avoient pas encore pu fixer un plan de pacification, parce que les évènemens mobiles de la guerre faisoient perpétuellement changer de face à la négociation; mais une circonstance impérieuse détermina la France à finir.

Les Hollandais qui avoient fait en 1565 leurs premiers efforts pour se soustraire à la domination espagnole, soutenoient depuis ce tems, c'est-à-dire depuis soixante et dix-neuf ans, une guerre qui avoit presque toujours eu le caractère d'une affreuse animosité. Les maîtres aussi las que leurs sujets rébelles, offroient à ceux-ci de renoncer à tous les droits, de les reconnoître indépendans et de traiter avec eux de souverain à souverain. C'étoit tout ce que les Hollandais pouvoient souhaiter. Ils firent part de ces propositions aux Français, qui voulurent les engager à différer de conclure, en leur remontrant qu'en recourant à la France pour en obtenir des secours, ils avoient solennellement promis de ne jamais faire de paix séparée avec les Espagnols ; mais l'avantage actuel l'emporta sur les engagemens antérieurs : ils laissèrent les Français éclater en reproches et crier à l'ingratitude, et n'en signèrent pas moins une paix particulière avec leurs anciens ennemis, le 30. janvier 1648.

A cette défection des Hollandais se joignit l'inquiétude que les troubles de la fronde donnoient à la cour de France. *Le roi d'Espagne refuse la paix*

Ils commencèrent à éclater cette année 1648, par les barricades qui furent le signal des dissentions, dont l'Espagne se flatta de profiter. Ainsi, quoiqu'une révolte enlevât dans ce tems le royaume de Naples à *Philippe IV;* quoique ses affaires tournassent mal en Flandres, il ne voulut jamais entendre à la paix, aux conditions qui étoient jugées raisonnables par les médiateurs. Cependant, pour ne point paroître trop obstiné à faire couler le sang des peuples, il offrit de s'en rapporter à l'arbitrage de la reine de France, sa sœur. Politesse pour politesse, *Anne d'Autriche* proposa d'en passer par la décision du roi d'Espagne, son frère, et on continua à se battre.

L'empereur y consent.

Quant à l'empereur, fatigué d'une guerre de trente ans et mis hors d'intérêt, par des concessions particulières qui lui furent faites, tant en argent, qu'en terres, il ne se montra pas fort difficile sur les satisfactions à accorder aux princes allemands, et sur les arrangemens annoncés entre les catholiques et les protestans; ainsi deux traités furent signés à Munster, le 24 octobre 1648, le premier, entre l'Empereur, l'Empire et la France : le second, entre l'Empereur, l'Empire et la Suède.

Des articles qui composent les deux traités, les uns sont réglementaires, les autres compensatoires entre les états de l'Empire, et satisfactoires pour les princes jusqu'alors étrangers au corps germanique. *Dispositif des traités et ordre des matières.*

Les articles réglementaires se partagent en deux : ceux qui regardent l'organisation et le gouvernement de ce grand corps, et ceux qui concernent la religion et la police.

Entre les états souverains, grands et petits, qui, comme ceux de l'Empire se sont associés sous un seul chef, il y a eu dès le commencement des conventions, protectrices des foibles, et répressives des plus puissans. Ces stipulations tutélaires ont perdu de leur force en Allemagne, à mesure que la puissance des empereurs s'est accrue par des violations directes, ou par des interprétations insidieuses des loix à leur profit. C'étoit ces innovations usurpatrices qui, depuis long-tems occasionnoient le mécontement et les plaintes des princes et états inquiétés dans leurs droits, prérogatives et priviléges. Les plénipotentiaires de *Ferdinand II* firent tous leurs efforts pour que ces griefs ne fussent pas soumis à la discussion du congrès. Ils ne regardoient, disoient-ils, que le gouvernement intérieur; c'étoit comme une affaire de famille, dans laquelle les étrangers ne devoient pas entrer. Mais les princes allemands désiroient cette communication, afin que ce qui seroit statué, faisant partie du traité de paix garanti par toutes les puissances, devint fixe et irrévocable.

Réglemens de gouvernement. Ainsi on régla la manière de résoudre et de déclarer une guerre au nom de l'Empire: de faire des loix générales, des traités de paix et d'alliance entre les co-états : d'imposer des contributions, leur quotité, la forme de l'assiette et de la perception : le droit et le rang pour voter dans les diètes : le genre de souveraineté qui appartiendroit à chaque état. L'empereur auroit désiré qu'elle ne s'étendit pas jusqu'à pouvoir faire des alliances offensives et défensives avec les étrangers; mais cette liberté fut prononcée en faveur même des plus petits états et des villes impériales; néanmoins avec cette restriction que ces alliances ne pourroient jamais se faire contre l'Empereur, l'Empire, ou au préjudice de la paix publique, et notamment de celle qu'on traitoit alors.

Les empereurs avoient souvent différé et suspendu la convocation des diètes générales où doivent se traiter les affaires majeures de l'Empire; on ordonna qu'elles seroient assemblées à des tems fixes 1) ; mais si *Ferdinand* éprouva de

1) La diète de l'Empire a été déclarée per-

la contradiction et du chagrin sur cet article, il se dédommagea en obtenant, malgré les Français, que le roi des Romains pourroit être élu du vivant de l'empereur et qu'il pourroit être pris dans la famille régnante.

Enfin, *Charles-Quint* avoit abusé du droit de proscription, en mettant au ban de l'Empire, sans les formalités requises, *Frédéric*, électeur de Saxe, *et Philippe*, landgrave de Hesse. Ainsi avoit agi, et avec le même abus de pouvoir *Ferdinand II*, lorsqu'il frappa du même anathême *Frédéric V*, électeur palatin. On voulut restreindre, à cet égard, le droit que l'empereur s'arrogeoit; mais il eut le crédit de faire renvoyer l'affaire à une diète prochaine.

<small>Réglemens de religion.</small> Les dissentions au sujet de la religion, roulèrent sur les trois qui étoient tolé-

---

manente à Ratisbonne, dans une assemblée tenue en 1663, et on a fixé le nombre et la quantité des députés, conformément au traité de Munster.

rées dans l'empire : la catholique, la luthérienne et la calviniste : leur culte public et leurs accessoires. Il fut statué que la religion qui seroit reconnue avoir été en possesion d'un évêché, monastère, chapitre, église, ou tout autre bénéfice ecclésiastique, avec les dixmes, rentes, seigneuries et biens fonds y annexés, le premier janvier 1624, continueroit en jouir seule, si elle l'avoit possédé seule, ou simultanément et alternativement avec l'une ou les deux autres, si elle avoit possédé ainsi à cette époque. Tout cela fut réglé dans un grand détail, avec une équité et une modération, qui, malgré le zèle théologique, et grace au flegme allemand, a entretenu dans tous ces lieux, une paix presque jamais altérée.

Beaucoup de princes entre les plus puissans s'étoient emparé, pendant la guerre, de territoires, de villes, de provinces entières qui, la guerre finie, ne leur convenoient plus; ils désiroient les

Pertes du clergé catholique

échanger contre d'autres plus à leur bienséance. Quelques-uns ne s'étant pas ainsi payé par leurs mains, par impuissance, sans doute, demandoient des dédommagemens ou de leurs pertes ou de leurs dépenses, en terres ou en argent. Le clergé catholique fit les frais des restitutions et compensations.

On pourroit citer entre les princes dédommagés aux dépends du clergé catholique, la maison de Brandebourg, qui, en récompense de la Poméranie occidentale cédée à la Suède, eut les évêchés d'Halberstadt, de Minden, de Camin, de Magdebourg, à titre de principautés fiefs de l'empire, avec la liberté d'éteindre à son profit les canonicats, à mesure qu'ils viendroient à vaquer. La maison de Meklembourg eut aussi pour cession faites aux Suédois, les évêchés de Schwerin et de Rudzembourg, avec les canonicats et deux commanderies. La maison d'Hanovre, l'alternative de l'évêché d'Osnabruck avec les catholiques, quelques prélatures et monastères, et deux canonicats dans la cathédrale de Strasbourg; la maison de Hesse-Cassel, une abbaye à titre de principauté, avec voix délibérative à la diète de l'Empire, et cent mille richdalles, dont le paiement étoit assigné et réparti sur les archevêchés de Mayence et de Cologne, sur les évêchés de Paderborn et de Munster, et sur l'abbaye de Fielde. D'autres maisons puissantes s'accommodèrent, en conséquence, de la répartition du congrès, des cures, prébendes, chapelles qu'elles avoient autour d'elles.

Ce ne furent pas les seules pertes que fit l'église catholique : il lui fallut encore céder à la Suède, l'archevêché de Brême et l'évêché de Verden. Ce royaume s'enrichit de la Poméranie orientale, des rives de l'Oder, des cités opulentes qui le baignent, et de la ville et port de Wismar. Ces possessions lui donnèrent droit de séance et de délibération à la diète de l'Empire. Il exigea

Dédommagemens de la Suède.

aussi pour gratification à sa milice, cinq millions d'écus impériaux payables en trois termes par les cercles de l'Empire, à l'exception de la Bavière et de l'Autriche.

Avantages accordés à la France. La Bavière fut exemptée de cette contribution, parce qu'elle renonçoit à une somme de treize millions que lui devoit la maison d'Autriche, pour des avances à elle faites par cet électorat, afin d'aider *Ferdinand II* à conquérir la Bohême. L'empereur tira aussi de la France trois millions, comme prix du sacrifice de l'Alsace que l'archiduc *Ferdinand Charles*, son cousin, qu'il en avoit investi, faisoit à ce royaume 1). On lui remit de plus toutes les autres conquêtes faites sur lui en Allemagne. Ainsi l'empereur, loin de rien perdre à cette guerre y gagna des terres et de l'argent.

A la France. La France, par le traité de Munster,

1) Cette somme étoit stipulée en trois paiement égaux. Le dernier s'est fait le 4 juin 1663.

a été authentiquement confirmée dans la possession des trois évêchés, Metz, Toul et Verdun. L'Alsace haute et basse lui fut cédée en toute souveraineté, ainsi que le Zuntgan, le Vieux-Brissac et son territoire, et droit de garnison dans Philisbourg. Elle eut ainsi un point d'appui en Allemagne, comme elle le désiroit, mais sans voix dans les diètes, privilége qui avoit été un des principaux motifs de la guerre.

L'empereur tint toujours ferme sur cet article et l'emporta; mais il mollit à l'égard du duc de Lorraine, son protégé. La France consentoit bien de lui rendre ses Etats, mais en y conservant des forteresses et des chemins, qui appartiendroient à la France, et par lesquels elle pourroit faire aller et revenir des troupes à sa volonté. Le duc rejetta ces conditions, et aima mieux continuer de vivre en aventurier, à la tête d'un petit corps d'armée, qu'il menoit au service des princes qui le payoient le mieux. {Décision sur la Lorraine.}

Le Milanais et le grand duché de Toscane restèrent à l'empereur. La France ne retint que Pignerol, que la Savoie lui avoit cédée par le traité de Quierasque, en 1632. Par là elle s'assuroit aussi une entrée en Italie, comme elle s'en étoit ménagé une en Allemagne, par le Vieux-Brissac. Du reste elle en agit très-généreusement avec les princes de cette contrée qu'elle devoit s'attacher. Elle arrangea des différens qui existoient entre les maisons de Savoie, de Mantoue et de Modène; elle procura entre elles des échanges qui leur convenoient; se rendit garante des soldes de comptes arrêtés entre elles, et même leur avança quelques sommes. Elle fit aussi reconnoître et prononcer, de la manière la plus authentique pour les Suisses, l'affranchissement absolu, perpétuel et irrévocable de toute prétention de la maison d'Autriche, sans néanmoins qu'ils renoncassent à l'immatriculation dans l'Empire, et à condition que cette clause ne les chargeroit d'aucune redevance à l'égard du corps Germanique.

Pour ne rien omettre de ce qui se passa dans ce célèbre congrès, il convient de parler de la paix entre l'Espagne et la Hollande, quoique ce soit un acte particulier, qui n'a pas fait la matière des conférences communes. On a vu que la guerre duroit depuis 79 ans, entre la branche autrichienne d'Espagne, dont les rois s'efforçoient de faire rentrer sous leur domination, la partie des Pays-Bas, qui s'en étoient retirés, et les peuples de ces provinces qui soutenoient la liberté qu'ils avoient conquise par leur courage et leur persévérance.

Conditions de la paix entre l'Espagne et la Hollande.

La France les avoit puissamment aidé contre les Espagnols, et on doit convenir que s'ils étoient parvenus à secouer le joug de leurs anciens maîtres, ils lui en avoient la principale obligation. Aussi s'étoient-ils engagé par un traité signé à la Haie, le 1er mars 1644, de point ne faire de paix avec les Espagnols que conjointement, et d'un commun consentement avec la France.

Mais il transpira pendant le congrès que *Mazarin* avoit dessein de proposer au conseil de Madrid, l'échange des Pays-Bas et de la Franche-Comté pour le Roussillon et la Catalogne. Les Hollandais vouloient bien avoir les Français pour bienfaiteurs ; mais non pour voisins. D'un autre côté les Espagnols se flattoient, que s'ils cessoient d'être embarrassés par la guerre de Hollande, il leur seroit facile, à l'aide des troubles de la france, non-seulement de faire rentrer sous leur domination la Catalogne et le Portugal ; mais encore de reprendre une partie des conquêtes faites sur eux. Ainsi Espagnols et Hollandais, jusqu'alors si envenimés, se trouvoient maintenant disposés à s'accommoder.

L'Espagne hâta la conclusion par des offres avantageuses ; mais qui ne lui coûtoient rien ; car tout ce qu'elle proposoit d'abandonner dans les Pays-Bas, ne lui appartenoit déjà plus et faisoit partie de la république. Un seul point fit de la difficulté. Les Hollandais, qui avoient attiré à Amsterdam les plus riches capitalistes et négocians d'Anvers, demandoient, pour retenir ce commerce, que l'entrée de l'Escaut fut fermée par des jetées et des estacades garnies de forts, qui empêcheroient les gros vaisseaux de pénétrer jusqu'à Anvers. Les Espagnols, assez riches en points d'appui pour le commerce, cédèrent après quelques débats 1).

Une seule clause de ce traité a enrichi les Hollandais pour toujours, sans appauvrir l'Espagne, et au contraire avec un avantage présent pour elle. Il y est dit que chacun conservera ce qu'il pos-

1) Lorsque les empereurs autrichiens sont devenus maîtres des Pays-Bas, ils ont reconnu l'importance de cette prohibition exigée par les Hollandais, et ont tâché d'y suppléer par la compagnie d'Ostende, qui a toujours été traversée.

sède aux Indes-Orientales et Occidentales et sur les côtes d'Afrique. Or, presque tout ce que les Hollandais possédoient en ces différens lieux, avoit été enlevé au Portugal, pendant que cette couronne étoit unie à celle d'Espagne; ainsi loin de perdre à ces abandons, les Espagnols privoient d'une grande ressource, une nation qu'ils regardoient comme rebelle, et avec laquelle ils étoient en guerre; et, s'il arrivoit à la cour de Madrid d'être obligée de reconnoître l'indépendance du Portugal, elle aimoit mieux le rendre énervé et flétri que de le voir à ses côtés, vigoureux et florissant sous ses propres monarques.

Presque toutes les puissances de l'Europe accédérent à la paix de Westphalie, et quelques-unes s'en rendirent garantes.

On observera que la Turquie qui se faisoit redouter dans le midi de l'Europe, et la Russie qui commençoit à jouer un rôle dans le nord, n'y prirent aucune part. L'Angleterre, alors en proie à la guerre civile, qui porta *Charles* Ier, l'année suivante, sur l'échafaud, n'y est même pas nommée.

Les traités de Munster et d'Osnabruck ont assoupi pour le tems, les différens entre la France et l'Empire, et ont consacré les principes d'après lesquels se sont dans la suite discutés les intérêts de ces deux puissances. Ces traités ont aussi été et sont encore dépositaires des loix qui régissent le corps Germanique : ils sont les archives des relations féodales, fiscales, protectrices et obédientielles de l'empereur avec ses co-états, et des co-états entre eux. On remarquera cependant que malgré l'habileté des négociateurs, malgré quatre ans d'application, et leur attention à fixer les expressions, à en déterminer le sens, ces mêmes expressions ont servi de fondement à presque toutes les guerres qui ont suivi. Chaque partie se les est appropriées, les a cité en preuves de ses prétentions, et n'a pas manqué de les mettre à la tête de ses manifestes.

Effets de la paix de Westphalie

Ce qu'on doit penser du travail des négociateurs.

On a loué 1) l'habileté des ministres plénipotentiaires de Westphalie, leur dextérité à manier les esprits, leur patience à écouter les objections, leur adresse à les résoudre. C'est à ces qualités qu'on a attribué le bonheur qu'ils ont eu de concilier tant d'intérêts opposés. Sans doute on leur doit des éloges. Tout ce qui mène à la paix, en mérite. Mais il ne leur étoit pas si difficile qu'on pense d'y parvenir, parce qu'ils avoient la force en main, et que ceux qu'ils dépouillèrent, au mépris des droits de propriété les plus anciens, comme le clergé catholique, ceux dont ils mutilèrent ou changèrent les possessions, sous prétexte d'une plus juste convenance, comme

1) Ces éloges se trouvent répandues avec profusion dans l'histoire de Westphalie, par le père *Bougeant*. On sait qu'elle a été faite sur les mémoires fournis par le comte d'*Avaux*, que l'écrivain reconnoît pour son protecteur. Ces louanges sont moins suspectes sous la plume de *Mabli*. Tom. 1er. p. 74.

plusieurs petits princes d'Allemagne, furent contraints de se soumettre à leurs décisions.

Quatre ans de travaux et toute la sagacité des négociateurs, ne purent finir la guerre entre l'Espagne et la France; mais afin qu'elle ne devint pas générale par les secours que la branche d'Autriche allemande se croyoit en droit de donner à l'espagnole, et afin de forcer celle-ci à entrer en accommodement en la réduisant à ses seules forces, il fut stipulé que l'empereur, sous quelque prétexte que ce put être, ne donneroit aucun secours à l'Espagne dans la guerre qu'elle s'obstinoit à continuer contre la France.

Neutralité prescrite à l'empereur pour la guerre d'Espagne.

Il suit de cet exposé que le cardinal de Richelieu ne se mêla d'abord des affaires d'Allemagne que dans le dessein d'y contrarier les efforts que faisoit la maison d'Autriche pour diviser le corps Germanique, et à l'aide des troubles qu'elle y excitoit, se perpétuer

Premier motif de la guerre finie par la paix de Westphalie.

sur le trône impérial. Mais lorsqu'il vit les succès des Suédois qui avoient pénétré jusqu'en Alsace, après la mort de Gustave Adolphe, en 1632, et que la détresse ou les succès même, réduisoient les vainqueurs, les mettoient hors d'état de conserver les places d'Alsace qu'ils avoient conquises, l'habile politique ne négligea pas cette occasion d'entamer l'Allemagne. Il acheta ces places des Suédois, et s'empara ainsi d'une très-grande partie de la Haute et Basse Alsace et du Stutgau, espérant que ces possessions donneroient à la France des droits dans l'administration intérieure du corps germanique, dont elles faisoient partie.

L'instruction dressée pour les plénipotentiaires de Munster en 1642, et dont nous avons extrait la substance, prouve que Mazarin suivoit les vues de Richelieu relativement au désir de procurer à la France des droits dans les diètes de l'Empire; mais les ambassadeurs français furent obligés d'abandonner ce plan, qui donnoit trop d'ombrages aux membres du corps germanique. Ils y suppléèrent comme ils purent, en gênant l'empereur dans l'exercice de son autorité, par des loix coërcitives, dont la France fut reconnue garante. Cette clause de garantie lui donnoit dans le gouvernement germanique un droit indirect presqu'aussi efficace qu'auroit été le direct. Mais les plénipotentiaires français ne purent réussir à deux points capitaux; savoir : de faire statuer qu'il ne seroit pas permis d'élire un roi des Romains du vivant de l'empereur, ni de le choisir dans la famille de l'empereur régnant : deux clauses très-intéressantes pour la maison d'Autriche, que Richelieu poursuivoit.

Au lieu de ces objets, que la France avoit présenté dans ses manifestes comme très-importans à la tranquillité de l'Europe et à l'intégrité comme à la liberté du corps germanique, elle se procura

Résultat différent de celui qu'on se promettoit.

une augmentation de possessions territoriales, dont l'acquisition ne se fit qu'aux dépens de l'intégrité de ce corps, et elle pourvut très-peu à la liberté de ce même corps, par les gênes momentanées qu'elle imposa à l'empereur.

Tel a été le résultat d'une guerre de quatorze ans. Elle a donné à la France des provinces qui lui sont restées le long du Haut-Rhin, dont elle s'est fait par là une frontière difficile à forcer; mais outre cet avantage politique, il faut remarquer, à la gloire des négociateurs français, qu'ils n'ont pas oublié le commerce, ce moyen si honorable de s'agrandir sans nuire aux autres.

Stipulation pour la libre navigation sur le Rhin. Le Rhin, coulant entre des provinces très-fertiles, ajoute aux richesses que ses bords lui fournissent, celles qui lui parviennent par les grandes rivières qu'il reçoit dans un cours de plus de trois cents lieues. C'est un canal de communication naturelle entre la France et l'Allemagne; mais il a quelquefois été rendu difficile et même inutile, par la cupidité des princes riverains, qui, sans songer qu'ils se faisoient tort à eux-mêmes, ont établi des péages dont les tarifs exagérés ont éloigné les négocians de leurs bords et leur ont fait chercher d'autres routes : ce qui a considérablement augmenté le commerce des Hollandais et des Anglais par les rivières qui se jetent dans la mer d'Allemagne et dans la Baltique, au grand avantage des villes situées à l'embouchure de ces fleuves 1).

1) En suivant les côtes d'Allemagne du nord-est au sud-ouest on trouve : 1°. la Vistule, qui après avoir parcouru la Silésie, la Mazovie et la Prusse-Royale, se jete dans la Baltique près de Dantzic, et apporte à cette ville les denrées de ces provinces, et de la Pologne entière.

2°. L'Oder, qui se décharge aussi dans la Baltique, enrichit Francfort des productions de la marche de Brandebourg, de la Silésie et de la Poméranie, qu'il arrose.

3°. L'Elbe qui prend sa source dans la Bo-

Les négociateurs de Munster ne pouvant ou n'osant troubler les princes riverains dans la jouissance des droits qu'ils s'étoient créés, ont du moins pour-

hême, après l'avoit traversé ainsi que les électorats de Saxe, de Brandebourg et de Hanovre, se jette dans la mer Océane, environ vingt lieues au-dessous de Hambourg. C'est à cette ville, la plus riche et la plus florissante d'Allemagne qu'aboutit par ce fleuve le trafic de la meilleure partie des provinces de la Basse-Allemagne. On a vu les Hollandais remonter quelquefois l'Elbe jusqu'à Harbourg et à Magdebourg, et acheter encore plus avant, non-seulement des bois abattus, mais des forêts entières sur pied, qu'ils font couper selon leur besoin.

4°. Le Weser, ainsi que l'Elbe, traversent une bonne partie des fertiles provinces de la Basse-Allemagne. Une multitude de rivières y affluent dans l'étendue de son cours. La ville de Brême, située sur ce fleuve, à quinze lieues au-dessus de son embouchure dans la mer, reçoit toutes les denrées que le Weser ramasse, renvoie par ces canaux les marchandises que lui importent les Hollandais et les vu à ce qu'il n'en fut pas établi de nouveaux. L'article qui le défend, est conçu en ces termes : *Dorénavant, sur les*

Anglais, et fait un commerce actif et passif très-considérable.

5°. Le commerce de la rivière d'Embe, qui traverse la Westphalie, se fait à Emdem. Ce fleuve y porte les marchandises de Munster et de Paterborn, et est un grand débouché pour les Hollandais.

On a jugé à propos de présenter cet aperçu du commerce d'Allemagne, dans un moment où nos nouveaux rapports avec l'Empire, doivent étendre les spéculations de nos négocians. Ce précis est tiré principalement du *Grand trésor historique du commerce des Hollandais*, du *Savari et de l'Essai sur l'état du commerce d'Angleterre*.

On observera que ce qui est dit du commerce des Hollandais en Allemagne, doit s'entendre aussi de celui des Anglais ; mais avec réduction : car à juger par le nombre des vaisseaux qui passent le Sund tous les ans, et dont les Hollandais excèdent de beaucoup les Anglais, on conclura que le commerce de ceux-ci est bien inférieur à l'autre, du moins par la Baltique.

deux rives du Rhin et aux provinces adjacentes, le commerce et le transport des denrées seront libres aux habitans, et il ne sera pas permis d'imposer sur le Rhin de nouveaux péages, droits de foraine, douanes, daces ou impôts sous quelque dénomination et de quelqu'espèce qu'ils soient.

<small>Précautions pour le commerce.</small> On voit par ces mots : *Provinces adjacentes*, que les plénipotentiaires français n'ont pas borné leurs sollicitudes à la libre navigation du Rhin; mais qu'ils les ont étendus jusqu'à vouloir procurer au commerce un libre *transit* dans tout ces petits Etats pour parvenir au centre de l'Allemagne 1). Mais ce pays, par-

---

1) Nous indiquerons comme les points d'appui les plus importans ou pourroient s'établir des maisons de commerce sous la protection du gouvernement Français : Huningue, Strasbourg, Manheim, Francfort-sur-l'Oder, Coblentz, Cologne et Wesel.

Huningue et Strasbourg nous donneront le débouché de la Suisse, et la correspondance

tagé entre une multitude de souverains et tout morcelé, est sujet à des péages qui sont exigés à chaque frontière. Les monnoies y changent comme les princes,

des cercles d'Autriche, de Bavière et de Suabe. Les deux premiers sont traversés par le Danube, qui a sa source dans la Forêt-Noire, à huit à neuf lieues du Rhin, vis-à-vis Brissac. Il est navigable à Uml en Suabe, à vingt-cinq lieues à peu-près de sa source. On compte en Suabe, Baviére, Autriche, Hongrie, Servie, Bulgarie, Moldavie, jusqu'à l'embouchure du Danube dans la mer Noire, vingt-huit principales villes sur ses bords. Par ce fleuve ainsi que par la Saxe, la Drave et d'autres rivières, les productions de l'Autriche et les marchandises qui y sont introduites, se portent dans la Carniole, le Tirol, et jusqu'à Venise.

A ces mêmes villes de Huningue et de Strasbourg, aboutissent le commerce de la Basse-Bavière, du Haut-Palatinat, de la Suabe et de la Vétéravie méridionale : Manheim, Mayence et Francfort-sur-l'Oder, seront l'étape du Cercle de Franconie et de la Bohême.

deux inconvéniens très-nuisibles au commerce. Mais comme ces droits, à charge aux peuples, tiennent à la souveraineté de ceux qui en profitent, les négociateurs de la paix de Westphalie n'ont pu y rémédier.

A Coblentz, Cologne et Wesel, répondent les cercles du Bas-Rhin et de Westphalie, la Saxe, et plus à l'est, la Silésie, les Etats de Prusse, et autres au nord, jusqu'à la Baltique.

Voyez les auteurs déjà cités : le *Savari*, le *Grand trésor*, et l'*Essai sur l'état du commerce*, etc.

LIGUE DU RHIN,

EN 1651.

La paix avoit été signée à Munster le 24 octobre 1648. Un an après, presqu'aucun échange ou restitution prescrite par les traités, n'avoit été faite. Les armées étoient encore sur pied. Un accord du 5 octobre 1649, régla le tems et la forme des licenciemens des troupes. Il n'eut lieu entre la France et l'Empire, qu'en vertu d'une autre convention signée à Nuremberg le 4 juillet 1650. Elle fixa définitivement trois époques pour l'évacuation des forteresses et autres lieux qui devoient changer de maîtres; savoir : le 2 mai, le 24 juillet et le 2 août de l'année 1651.

Le retardement apporté au désarmement, n'étoit pas indolence de la part de la cour de Vienne; mais, au contraire, l'effet d'une résolution prise de les différer le plus qu'il seroit possible. C'étoit avec la plus pénible contrainte, que *Ferdinand III* avoit promis de ne point aider *Philippe IV*, son parent, dans la guerre que l'Espagne continuoit à soutenir contre la France. Il étoit difficile qu'obéissant à l'instinct de la consanguinité, si fort entre les princes de la maison d'Autriche, celui qui s'en regardoit comme le chef ne tâchat pas d'éluder une condition qu'il jugeoit préjudiciable à la gloire et à la puissance de sa famille.

Il conserva à son service *Charles IV*, duc de Lorraine, devenu à la suite de ses démêlés avec la France, chef d'aventuriers. L'empereur, en licenciant ses troupes, leur fit insinuer de passer dans l'armée de Lorraine : de sorte qu'elles ne firent que changer de drapeaux. On peut même dire qu'elles n'en changèrent pas, parce que le duc, en vertu d'une ancienne patente de l'empereur, arboroit les enseignes de l'Empire. Il les quittoit quand il se joignoit en Flandres aux Espagnols contre les Français, et les reprenoit quand il avoit besoin que sa troupe parut armée de l'Empire. Sous ce titre, il se donna en 1650 des quartiers d'hiver dans l'évêché de Liége, le duché de Juliers et d'autres lieux qui lui convenoient le long du Rhin.

Les désordres que ces troupes commirent, déterminèrent les électeurs de Mayence, Trèves et Cologne, celui-ci comme évêque de Liége, le comte palatin du Rhin et l'évêque de Munster de se concerter pour éloigner ce fléau de leurs Etats. Dans cette intention, ils signèrent une ligue à Francfort le 21 mars 1651, et y invitèrent les cercles de Suabe, de Franconie et de la Basse-Saxe. Elle fut appellée, du grand nombre de ceux qui la composoient, *la ligue catholique.* Dans le même tems, la reine de Suède, comme duchesse de Brême, les ducs de Brunswick, de Lunebourg et le landgrave de Hesse, firent aussi entre eux, à Hildesheim, un traité dont le but étoit la sauve-garde du territoire. On l'appelle *ligue protestante.*

Division ligue catholique et protestante.

La France n'eut point de part à la formation de ces deux ligues ; mais comme elles se disoient fondées sur la paix de Westphalie, dont l'une et l'autre prétendoient assurer l'exécution, *Mazarin*, qui, comme on l'a vu, avoit recommandé aux plénipotentiaires de Munster de jeter, s'ils pouvoient, dans les traités le germe d'une ligue en Allemagne et en Italie, n'eut garde de manquer l'occasion de faire entrer la France dans les affaires d'Allemagne. Comme garante du traité de Westphalie, elle demanda à être admise dans ces alliances et offrit ses bons offices 1).

Il avoit été difficile de stipuler des moyens de défense, sans en adopter quelques-uns qui choquoient l'empereur, soit parce qu'ils contrarioient ses

1) *Histoire de l'alliance conclue par le roi avec plusieurs électeurs et princes de l'Empire, appellée communément la ligue du Rhin.* Manuscrit des relations extérieures, 2 vol. fol.

droits de suprématie en quelques points, soit parce qu'ils faisoient supposer qu'on pouvoit se passer de son consentement dans des choses aussi essentielles, que l'étoient des confédérations dans le sein de l'Allemagne, auxquelles il n'étoit pas appellé. Il résolut donc de les dissoudre, et se flatta d'y réussir dans une diète générale qu'il convoqua en 1652, pour être assemblée au commencement de 1653 à Ratisbonne.

Là, selon les lettres de convocation, devoient se discuter les points des traités de Munster et d'Osnabruck, qui avoient besoin d'éclaircissemens. L'empereur espéroit que les décisions qui en émaneroient calmeroient les craintes et les alarmes des princes intéressés à l'exécution de la paix de Westphalie, réuniroient les esprits et détruiroient les alliances partielles qui lui donnoient de l'inquiétude.

La France envoya un agent à Ratisbonne : il lui étoit enjoint par ses instructions, datées du 12 avril 1653, de se plaindre vivement de plusieurs infractions de l'empereur à la paix de Westphalie, et entre autres des secours accordés aux Espagnols, contre la teneur expresse du traité de Munster; mais il devoit sur-tout faire entendre que le but principal de la France étoit de soutenir l'indépendance des princes de l'Empire et de les soustraire à la férule autritrichienne.

<small>Elles se réunissent et n'en font qu'une.</small>

De Ratisbonne, après quelques réglemens, la diète fut transférée à Francfort et continuée à Augsbourg, où les électeurs se réunirent pour élire un roi des Romains. *Ferdinand* obtint les suffrages pour *Léopold*, son fils aîné, malgré les efforts de l'envoyé de France. Celui-ci sema en vain des alarmes sur le danger de perpétuer le sceptre de l'Allemagne dans la maison d'Autriche; mais l'empereur échoua de son côté dans le dessein qu'il avoit de faire renoncer les princes catholiques et protestans aux ligues qu'ils avoient formées. Au contraire, ils se laissèrent persuader par les agens de France, qu'ils avoient le plus grand intérêt à resserrer les nœuds de leurs alliances, et pour leur donner plus de force, des deux ligues de n'en faire qu'une.

Plusieurs années se passèrent à construire l'édifice de cette ligue. On en rassembla d'abord les matériaux dans des conventions particulières avec plusieurs princes, dont les principaux étoient les électeurs Palatin et de Brandebourg. On convint de ceux qui devoient y être appellés. Le prince de Hombourg, homme important en Allemagne, fut nommé général de l'armée qui devoit être levée et on régla la cote-part des troupes et de l'argent que fourniroit chacun des contribuables.

Mesures de l'empereur pour en empêcher l'effet.

Mais *Ferdinand* retarda encore la coalition projetée et presqu'exécutée, en donnant à tous les membres du corps germanique l'assurance de vouloir faire accomplir et exécuter lui-même toutes les conditions exprimées dans les traités de Munster et d'Osnabruck. Elles furent confirmées à Ratisbonne par la diète de 1654, qu'on a regardé comme le complément de la paix de Westphalie. Il y eut injonction à tous les princes de l'Empire de s'y conformer, nonobstant toute réclamation et protestation quelconque.

<small>Le projet de ligue est toujours suivi.</small>

Les décrets de cette diète servirent de base à la capitulation que les États d'Allemagne exigèrent de *Léopold*, lorsqu'il fut élu empereur le 18 juillet 1658, quinze mois après la mort de *Ferdinand III*, son père. Comme cette capitulation étoit un peu dure, qu'elle avoit été arrachée à la maison d'Autriche par la crainte de voir échapper de ses mains le sceptre impérial, les princes allemands jugèrent que le nouvel empereur ne tarderoit pas à sortir des bornes qui lui étoient prescrites, si on ne lui opposoit des obstacles qu'il ne pourroit aisément franchir. Ces craintes, quand ils ne les auroient pas eues d'eux-mêmes, leur étoient inspirées par les écrits que les ambassadeurs de France à la diète d'élection répandirent avec profusion 1).

Cet acharnement des Français contre la branche allemande d'Autriche, venoit de ce qu'elle ne cessoit de fournir des secours à la branche espagnole, contre la teneur expresse des traités de Westphalie, et de ce que par là elle prolongeoit la guerre. De leur côté, les princes allemands craignoient que cette violation n'attirât de nouveau dans leurs États le fléau qui les avoit désolés pendant quarante ans. Ils se trouvoient donc disposés à une ligue destinée à détourner ces malheurs.

1) Un des plus importans est intitulé : *Memorialia bina, prius ad deputationem. Statuum ordinariam, posterius ad collegium electorale ab antonio duce de Grammont et hugone de Lionne legalis plenipotentiariis extra ordinem regis christianissimi, per totâm Germaniam et regna septemtrionalia.*

Elle est renouée de nouveau et affermie.

Elle fut signée à Francfort un mois après le couronnement de *Leopold*, entre le roi très-chrétien d'une part, et de l'autre, les archevêques-électeurs de Mayence, Trèves et Cologne, l'évêque de Munster, le comte Palatin, l'électeur de Bavière, la reine de Suède, le duc de Brunswick, le landgrave de Hesse et d'autres princes et seigneurs qu'on y attacha par des commandemens et des dignités lucratives. Le prince de *Salm* en fut nommé général, le comte de *Hohenloë*, lieutenant-général. *Cristophe de Hermestein*, général-major, le sieur de *Holstein*, général d'artillerie, tous avec de bons appointemens, qu'ils fussent en activité ou non 1).

On forma aussi un conseil chargé de discuter les plans, de faire parvenir les ordres, de répartir les contributions, et on le composa de publicistes de grande

---

1) Les deux derniers ne furent nommés l'un que le 14 octobre 1659, l'autre le 1er. août 1661.

réputation, avec de bons honoraires ; il les attachoient à la ligue pendant que le nom de ces hommes estimés justifioit aux yeux du public, cette association de l'espèce de schisme qu'elle causoit dans le corps germanique. C'est la véritable *ligue du Rhin* qui réunit les catholiques et les protestans associés dans les ligues de 1651, dont on a parlé. Il fut stipulé que celle-ci seroit renouvellée tous les trois ans.

Ce n'étoit pas sans peine et sans frais que la France formoit ces liaisons et les entretenoit. Elle payoit et les princes et leurs ministres. Trente mille écus de gratification annuelle à l'archevêque de Mayence ; autant à l'électeur de Cologne ; d'autres sommes non moins considérables à Brandebourg, au Palatin, à leurs officiers, aux favoris, aux maîtresses : tous ces paiemens sont portés dans les comptes des résidens français dans ces cours. Quand on a le courage de feuilleter ces négociations secrètes,

Ce qu'elle coûtoit à la France.

on y voit qu'il y a peu de princes allemands de notre voisinage qui ne se soient laissés acheter. Au reste, ils se mettoient également à prix dès le tems des Romains, et l'histoire nous apprend que les meilleurs obstacles opposés par les derniers empereurs à leurs invasions, étoient des digues d'or 1).

<small>Nouveaux efforts de l'empereur pour la détruire.</small>

Il y eut donc en Allemagne une armée, qui, selon les conventions de la ligue, s'intituloit : *L'armée de sa majesté très-chrétienne et des électeurs et princes alliés*, avec sa caisse militaire, ses plans de campagne et ses officiers absolument indépendans de l'empereur.

1) Un des agens français qui travailloit en 1666 à préparer le renouvellement de la ligue, qui devoit avoir lieu en 1669, écrivoit en France : *Ne précipitez rien : car si vous marquez de l'empressement, les princes Allemans ne manqueront pas de vous demander des gratifications, sous le prétexte d'entretenir les troupes de leur contingent, quoiqu'ils n'en ayent aucune sur pied.*

Léopold, ne voyoit pas sans dépit une pareille puissance au centre de la sienne. Il fit de nouveaux efforts pour détruire la ligue. Ne pouvant y réussir, il demanda à y être incorporé, dans l'espérance d'en être bientôt le maître, et proposa d'y adjoindre le roi d'Espagne.

On répondit, quant au roi d'Espagne, que n'ayant pas voulu dans le tems être compris dans la paix de Westphalie, mal-à-propos il demandoit à être admis dans une alliance qui n'étoit formée que pour en procurer l'exécution. Quant à l'empereur, il ne paroissoit pas aisé d'exclure d'une ligue faite pour le bien général de l'Empire, un prince qui en étoit le chef; mais on prit un biais, qui, sans le repousser, le forceroit à se retirer de lui-même. Ce fut de lui proposer de rompre la ligue; mais en lui substituant un traité de garantie des articles de Westphalie, lequel seroit signé par tous les princes allemands, l'empereur à leur tête, avec des conditions comminatoires et repressives contre ceux qui y porteroient atteinte.

Cette garantie devoit être soutenue par une armée toujours subsistante, à la vérité sous la surveillance de l'empereur; mais surveillance très-bornée dans ses pouvoirs. Ces restrictions lui firent concevoir qu'il pourroit arriver que les forces qu'il ajouteroit à la ligue, seroient peut-être un jour tournées contre lui-même, s'il venoit à blesser les clauses de Munster, qui lui répugnoient toujours. Il aima donc mieux laisser subsister la ligue que de courir ce risque.

Utilité qu'il en retire. Mais il eut l'adresse d'en tirer un avantage réel dans la guerre qu'il soutenoit alors contre le Turc. Comme, par cette confédération, la France devenoit en quelque façon membre du corps germanique, *Léopold* demanda à *Louis XIV* son contingent. Le monarque l'accorda, même double de ce qu'on demandoit. Sous les ordres des comtes de *Coligni* et de *la Feuillade*, les Français eurent tout l'honneur de la campagne de 1664. Ils repoussèrent les Turcs des bords du Raab à la journée de Saint-Godard. L'aile droite et le centre des Allemands étoient enfoncés, les Français, qui tenoient la gauche, tombèrent avec furie sur les Jannissaires et leur arrachèrent la victoire qu'ils proclamoient déjà.

Les Français furent mal récompensés de leur bravoure. Les ministres impériaux leur donnèrent les plus mauvais quartiers d'hivers, les fatiguèrent par des marches et contre-marches, comme s'ils avoient eu dessein de les détruire, et enfin, pour n'avoir plus les yeux fatigués de la gloire d'une nation rivale et pour n'être plus obligé de demander des secours qui lui déplaisoient, *Léopold* fit avec les Turcs une paix brusque et peu honorable qui surprit autant les princes allemands que le monarque français.

Cet événement mit dans l'Allemagne

un calme qui devint mortel à la ligue du Rhin. N'ayant plus à s'exercer ni dans une guerre contre les ennemis du dehors, ni contre l'empereur, dont toute l'attention se tournoit sur la France à l'occasion de l'Espagne, elle se dénoua d'elle-même et se dispersa comme elle avoit commencé, en traités particuliers de la France avec différens princes; il faut remarquer que ces traités ne prononçoient pas expressément la dissolution de la ligue ; mais que les contractans prétendoient au contraire ne resserrer plus étroitement leurs alliances partielles que pour les faire désirer *jusqu'au renouvellement de la ligue du Rhin* 1). Ce renouvellement n'eut pas lieu, malgré l'intérêt que la France avoit à le

---

1) Ils sont tous de l'année 1667. Le traité entre la France, les électeurs de Cologne et de Brandebourg, le duc de Brunswick et le landgrave de Hesse, fut signé à Brunswick dans le mois d'avril. Celui avec l'évêque de Munster et le duc de Neubourg, en mai. Un

désirer dans les guerres où l'engagèrent ses démêlés avec l'Espagne, même depuis la paix des Pyrénées.

confirmatif et ampliatif des deux premiers, en août, et un plus général encore entre un plus grand nombre de princes, à Cologne, le 28 octobre de la même année.

PAIX
DES PYRÉNÉES,
en 1659.

Cette paix célèbre n'a suspendu que quelques années des guerres qui avoient duré plusieurs siècles, et on peut dire, à la honte de la prévoyance humaine, qu'elle a été la cause ou le prétexte du retour des hostilités.

Situation politique des maisons de France et d'Autriche au moment de la paix des Pyrénées.

Il est inutile de remonter aux anciennes querelles entre les maisons de France et d'Autriche; pour donner une connoissance exacte des intérêts qui divisoient ces deux familles lors de la paix des Pyrénées, il suffit de se placer au moment où *François* Ier., mal secondé par son courage, tomba entre les mains de *Charles-Quint*, son rival. L'empereur, loin de se piquer de générosité à l'égard de son prisonnier, en exigea de durs sacrifices, qui furent consignés dans le traité signé à Madrid le 14 janvier 1526.

L'article III prescrit en peu de mots des cessions très-importantes : *Que le roi très-chrétien remettra ès mains de l'empereur, le duché de Bourgogne, le comté de Charolois, les seigneuries de Noyers, Châtel-Chinon, le vicomté d'Auxonne, l'Auxerrois, le Maconnois et Bar-sur-Seine.* Les articles VII et VIII imposent des renonciations non moins importantes à toutes *les prétentions que le roi très-chrétien pouvoit avoir sur le royaume de Naples et des Deux-Siciles, le duché de Milan, Gênes et Ast, sur les cités d'Arras, Tournay et Tournaisis, St.-Amand, Lille et sa Châtelenie, Douay et Orchies.*

Le traité de Cambray, appellé *la Paix des Dames*, parce qu'il fut conclu en 1529 par Marguerite d'Autriche, tante de *Charles-Quint* et la *duchesse d'Angoulême*, mère de *François* Ier., ne rétracta pas ces décisions, mais stipula, article XVII, que la tradition de partie d'entre elles qui avoit été différée, *pourra être poursuivie par voie amiable et de justice.* Ainsi on doit regarder cette *partie*, savoir beaucoup de dépendances de l'ancien duché de Bourgogne, qui ne furent pas alors rendues, comme étant restées en litige. Une trêve de Nice de 1538, procurée par le Pape, celle de Vauxcelles en 1556 et la paix de Cateau-Cambresis en 1559, confirmée par celle de Vervins en 1598, entre *Henri IV et Philippe II*, n'ont donné que des décisions partielles. Elles n'ont reçu leur complément que dans le traité des Pyrénées. Le mariage de *Louis XIV* avec l'infante *Marie-Thérèse*, fut le sceau de cette paix et malheureusement le germe de nouvelles querelles.

<small>Continuation de la guerre après la paix de Westphalie.</small>

Philippe IV, roi d'Espagne, ayant refusé de se laisser comprendre dans la paix de Westphalie, la guerre continua en Italie sur les frontières d'Espagne, et plus vivement en Flandres, parce que le *prince de Condé*, qui s'étoit retiré chez les Espagnols, leur procura quelque succès. La France lui opposa ses plus habiles généraux. *Turenne* fit lever en 1654 le siège d'Arras, dont la prise auroit ouvert aux ennemis de *Mazarin* le chemin de Paris. Cette même année, le jeune roi fit sa première campagne au siège de Stenay.

Anne d'Autriche désiroit ardemment de réconcilier les deux royaumes et de conclure un mariage entre sa nièce et son fils. Le cardinal-ministre entrant dans les vues de la reine, crut devoir profiter des victoires de la France pendant toute l'année 1655, pour proposer le mariage et la paix. Il envoya à Madrid des négociateurs qui ne réussirent pas. L'Espagne n'étoit pas encore assez affoiblie. D'ailleurs, *Philippe* espérant quelques avantages, ne se pressoit pas de conclure, parce qu'il comptoit toujours qu'en cas de nouveaux revers, la main de sa fille l'acquitteroit promptement envers la France.

Tentatives inutiles pour les paix.

Alliance de la France avec les Anglais.

Mais le cardinal, pour couper court à ces délais, ne dédaigna pas l'alliance de *Cromwel*. Ce protecteur, pour des raisons que la cupidité fait toujours trouver suffisantes, venoit, sans déclaration de guerre, d'enlever la Jamaique aux Espagnols. Le cardinal lui proposa une alliance dont les principales conditions étoient qu'il aidroit les Français qui manquoient de vaisseaux, à attaquer les places maritimes de la Flandre, et qu'en récompense de ces secours, Dunkerque, la plus importante de ces places, resteroit aux Anglais. Le traité fut signé à Paris en 1657, et Dunkerque, pris le 23 juin 1658, fut remis au protecteur, qui mourut le 13 septembre. Il procura par là aux Anglais le premier point d'appui sur le continent de l'Europe, comme il leur avoit obtenu en 1655 un traité de commerce avantageux, le premier aussi de ce genre entre les Français et les Anglais.

Principal Ces mesures prises afin de pousser

vigoureusement la guerre, auroient promptement déterminé *Philippe* au mariage, qui devoit être le gage de la paix, s'il n'eût craint qu'étant sans enfans mâles, sa couronne ne passa dans la maison de France par les enfans de sa fille aînée, qu'il auroit unie à *Louis XIV.* Heureusement il lui naquit en 1657 un fils de sa seconde femme. En 1658, elle se trouva de nouveau enceinte, de sorte que délivré de ces craintes, il envoya en France, à la fin de cette année, un agent secret chargé de disposer tout à une pacification prochaine. Comme les intentions étoient également pacifiques du côté de la France, il ne fut pas difficile aux négociateurs de s'accorder. Ils signèrent presqu'aussitôt une suspension d'armes et des préliminaires; mais la conclusion absolue fut réservée aux premiers ministres des deux cours, *le cardinal Mazarin* et *don Louis de Haro.*

Au milieu de la petite rivière de Bi-

obstacle du côté de l'Espagne, levé.

Conféren

ces dans l'ile des Faisans. Différence dans le rôle des plénipotentiaires.

dassoa, qui sépare la France de l'Espagne, s'élève une petite isle appellée l'isle des Faisans. On y construisit des bâtimens propres à recevoir les plénipotentiaires. Ils s'y rendirent dans le mois d'août 1659. Le rôle des deux ministres étoit bien différent. Le français représentoit un jeune monarque, vainqueur des factions qui avoient agité sa minorité, déjà décoré de la gloire militaire, embarrassé, non pas de se faire restituer des provinces, mais seulement à choisir entre ses conquêtes celles qu'il voudroit retenir.

L'espagnol, au contraire, traitoit pour un roi qui n'étoit pour ainsi dire assis que sur les débris du trône de ses ancêtres. Quelle différence entre l'Espagne de *Philippe IV* et l'Espagne de *Philippe II!* Celle-ci possédoit les Pays-Bas dans leur totalité. Elle dominoit dans la plus grande partie de l'Italie. Aux couronnes de Naples et de Sicile, elle joignoit celle de Portugal et comptoit les deux Indes entre ses possessions. L'Espagne de *Philippe IV*, attaquée avec succès par les Hollandais, ses anciens sujets, privée du sceptre de Portugal, ne tenant plus que d'une main débile celui de Naples et de Sicile, attaquée par les Français sur toutes ses frontières, morcelée en Asie et en Amérique, l'Espagne de *Philippe IV* ne présentoit plus que le cadavre de son ancienne puissance sous un prince indolent, qui n'étoit pas insensible à ses pertes, mais qui s'en consoloit en les oubliant.

On pourroit le comparer à ces prodigues, qui voient sans souci les brèches faites à leur fortune, dans l'espérance de les réparer par un riche mariage. Ainsi *Philippe IV*, sollicité plusieurs fois par la France d'accepter une paix, qui, dans quelques circonstances, auroit pu n'être pas trop désavantageuse, s'y étoit toujours refusé malgré ses revers, se flattant qu'un jour viendroit où on seroit trop heureux de lui restituer

Intention de Philippe IV

tout pour la main de l'infante, sa fille. Mais dans l'état actuel des choses, la France ne gagnoit réellement rien à ce mariage. Il n'étoit que de convenance, eu égard au rang, à l'âge des futurs et au désir de leurs parens. *Mazarin* se promettoit bien de ne pas acheter cette alliance par des sacrifices, et il se conduisit sur ce plan dans sa négociation 1).

Il en a exposé lui-même les motifs, et a tracé dans ses lettres à la Reine-mère la marche qu'il a suivie. Comme

1) Il y a dans le dépôt des relations extérieures deux vol. in-fol. des lettres du cardinal *Mazarin*, l'un de 488 pages, l'autre de 578, incomplet chacun, mais qui se suppléent l'un l'autre. Ces mêmes lettres, moins complettes encore ont été imprimées en 1745, en deux vol. in-12, sous ce titre : *Lettres du cardinal Mazarin, où on voit le secret de la négociation de la paix des Pyrénées et la relation des conférences qu'il a eues sur ce sujet avec don Louis de Haro, ministre d'état.*

Il se trouve aussi dans le même dépôt deux

on a rarement de ces sortes de monumens authentiques, qui revèlent le secret des négociations. Nous croyons devoir donner quelqu'étendue à la narration de ce qui s'est passé aux Pyrénées, afin qu'on ait un modèle des formes promptes ou dilatoires, mystérieuses ou franches que la politique emploie dans ces sortes de discussions.

Si on peut juger de l'intention que portèrent les deux ministres à la confé- *Celle des ministres.*

autres vol. in-fol., intitulés : *Conférences du cardinal Mazarin, et de don Louis de Haro, dans l'île des Faisans.* Mais ce ne sont que des répétitions des deux premiers.

On peut ajouter foi à ces lettres, parce qu'elles ont été écrites, dit *Mazarin*, lui-même, *pour l'intruction du jeune roi, dans l'intention de lui donner une entière connoissance de ses affaires, et de l'accoutumer au travail.* Aussi rien n'y est caché. Finesses dans la négociation, ruses, piéges tendus ou évités, tout y est mis à découvert, comme il pourroit l'être par un maître habile à un élève chéri qu'il veut former.

7

rence par leurs actions, on croira que le cardinal se flattoit d'embarrasser l'Espagnol dans ses propres ruses ; de le forcer dans les retranchemens de sa circonspection, et de l'amener sans contrainte aux sacrifices qu'il désiroit. *Don Louis* de son côté se promettoit de fatiguer l'activité de Mazarin par une patience inaltérable, et de le déconcerter par sa froide *cunctation*. Tous deux en effet étoient supérieurement doués des talens qu'ils se promettoient de mettre en œuvre. *Don Louis* ne donnoit jamais de paroles positives, et *Mazarin* n'en donnoit que d'équivoques.

Les points principaux, c'est-à-dire, les intérêts politiques des deux nations avoient été réglés dans les articles préliminaires de Paris. On auroit pu se passer pour les conditions du détail de cette fastueuse entrevue des deux ministres. Ils disoient eux-mêmes *qu'ils avoient désiré de s'aboucher, moins pour conférer, que pour estreindre une sincère et pure amitié.* Pure *cajolerie,* avouoit *Mazarin* lui-même dans ses lettres. Leur but étoit de se donner les honneurs de la paix.

Les objets à débattre étoient quelques limites ou droits à régler, à l'occasion des cessions ou échanges déjà stipulées : le traitement à faire au prince de Condé, au duc de Lorraine, et autres princes, qui pendant la durée de la guerre, avoient pris ou abandonné le parti des deux grandes puissances : enfin le contrat de mariage. Celui-ci ne vint qu'après de longs pour-parlers sur les autres articles.

{Objet des conférences}

Le sort du prince de *Condé* fut réellement une affaire de point d'honneur entre les deux ministres. Dans le tems de la fronde, *Condé* avoit nargué le cardinal et s'étoit permis à son égard des plaisanteries du genre de celles qui ne se pardonnent pas, parce qu'elles rendent ridicule celui qui en est l'objet. L'obstination persévérante que *Ma-*

{Affaire du prince de Condé.}

zarin montra dans les conférences à l'humilier, quoique présentée sous l'apparence de n'exiger qu'une réparation due par le sujet au souverain offensé, peut bien avoir été aussi provoquée par le désir de faire sentir sa puissance à celui qui l'avoit méprisé. Mais par une raison contraire, *Don Louis* mettoit une espèce de gloire à faire restituer au protégé d'Espagne les biens, les charges, les dignités dont il jouissoit en France avant sa défection : *car*, disoit-il, *si mon maître, après les promesses qu'il a faites au prince l'abandonnoit, ou le laissoit dépouillé de ce qui le rendoit autrefois considérable, il s'exposeroit à n'avoir jamais d'alliés.*

Des alliés! répliquoit Mazarin avec feu, *nous n'avons garde d'appeller ainsi des sujets qui se révoltent contre leur roi, et se mettent sous la protection d'un autre. Ce nom, cette qualité n'appartiennent qu'aux princes souverains qui ont la liberté de se lier comme ils jugent à propos. Si vous avez*, ajoutoit-il, *intérêt de récompenser ces sortes d'alliés, pour en trouver au besoin, nous au contraire devons faire tous nos efforts à ce qu'ils soient traités de manière qu'il ne soit pas facile à la couronne d'Espagne d'en avoir à l'avenir.*

Mazarin signifia dès le commencement la condition sur laquelle il déclara qu'il seroit inexorable : savoir que le prince ne devoit s'attendre à être reçu en France, qu'en s'abandonnant à la clémence du roi sans explications, ni restrictions : qu'à la bonheur il pourroit recevoir du roi d'Espagne quelque somme d'argent, qui l'aideroit à remplacer les biens que sa félonie lui faisoit perdre.

C'est ici qu'on voit ces deux champions en garde, se mesurant des yeux, s'attaquant, et parant avec une égale adresse; mais la supériorité resta à *Mazarin*.

Ne donner au prince que de l'argent, reprenoit *Don Louis*, *ce ne seroit que le payer, et non pas récompenser les services qu'il a rendus. Du moins qu'il soit permis à mon maître de le dédommager noblement en lui faisant un présent qui fasse honneur à l'un et à l'autre, comme seroit la souveraineté des deux Calabres, ou un état qu'on lui composeroit de plusieurs cantons de la Flandres, ou enfin le royaume de Sardaigne.*

Une souveraineté à la porte de la France, qui deviendroit le refuge des mécontens, et deviendroit peut-être un foyer de rébellion : une pareille proposition devoit embarrasser le cardinal. Il répond froidement : *des souverainetés, des royaumes même tant qu'il vous plaira ; mais qu'après cela il ne songe plus à rentrer en France D'ailleurs*, ajouta-t-il malicieusement, *ignorez-vous que le prince ne désire* un établissement considérable, surtout à portée de la France, que pour le remettre aussitôt entre les mains du roi, et en faire le prix de sa réconciliation? Mais, ajouta le cardinal, avec le ton de la sincérité et de la confiance, *puisque vous êtes si passionné pour les avantages de M. le prince, je veux aussi y contribuer; et je supplierai le roi mon maître, d'agréer une condition que je vais faire, et pour laquelle ledit prince obtiendra encore de plus grands avantages que ceux qu'il prétend.*

A ces mots, continue Mazarin, don Louis devint tout oreille. Oui, ajoutai-je avec une véhémence proportionnée à son attention, oui, je supplierai le roi que le prince et son fils soient rétablis dans toutes leurs charges et gouvernemens de provinces et de places, qu'on leur en donne même en échange de celles qui ont été rasées, et si ce n'est pas assez, *qu'on remette encore à sa majesté catholique toutes les conquêtes qu'elle est déjà convenue de nous abandonner pourvu qu'il lui plaise de laisser le Portugal comme il étoit autrefois, et de finir ainsi la guerre de tous côtés.*

Rien de si perfide que cette proposition, qui ne pouvoit jamais être acceptée, parce qu'un des principaux motifs qui déterminoient le roi d'Espagne à faire la paix avec la France, étoit de pouvoir réunir toutes ses forces, pour les employer à reconquérir le Portugal. *Aussi*, remarque *Mazarin*, *jamais je n'ai vu don Louis si ému qu'en ce moment. Le feu, contre son naturel, lui monta au visage.* Il rompit la conférence, et se retira déconcerté.

En effet, le cardinal tiroit de cette proposition deux avantages qui vraisemblablement n'échappèrent pas à *don Louis*. Le premier de se faire auprès de l'envoyé de Portugal, dont les instances étoient quelquefois importunes, le mérite d'une proposition par laquelle le roi de France paroissoit sacrifier généreusement ses intérêts et ses ressentimens, au bonheur de la maison de *Bragance*. Le second avantage, peut-être plus flatteur pour Mazarin, étoit de livrer *don Louis* aux importunités des agens que M. le prince avoit auprès de lui, et qui ne manqueroient pas de rendre leurs sollicitations plus pressantes, lorsqu'ils sauroient qu'il ne dépendoit que de son acquiescement à une paix générale, pour leur faire obtenir tout ce qu'ils désiroient.

Ceci se passoit à la troisième conférence. *Don Louis* revint à la quatrième muni d'exemples de concessions stipulées par des traités, et accordées par la France à des princes qui s'étoient révoltés. *Mazarin* n'eut pas de peine à détruire les inductions qu'on prétendoit tirer de grâces nécessitées par les circonstances. Objections et réponses, tout se fit avec calme et tranquillité. *Mais*, ajoute le cardinal, *pour reconnoître au vrai le fonds du cœur de don Louis, je jugeai à propos de m'emporter par adresse et élevant la voix avec force, je lui dis : jamais le roi ne consentira que l'Espagne donne à M. le prince une récompense qui serviroit à la postérité de monument honorable de sa rébellion. Si vous persistez dans ces prétentions, dites-le franchement, on se séparera, et il restera à l'Espagne la tache d'avoir refusé, pour favoriser un rebelle, de donner la paix à l'Europe. Je ne saurois assez vous dire*, écrit le cardinal à la reine, *à quel point don Louis fila doux après cette déclaration. Il se confondit en protestations d'amitié, et du désir sincère de la paix.*

Néanmoins on ne décida encore rien. Il semble qu'il faille toujours aux agens diplomatiques, dans une longue négociation, quelque points de contestation qu'ils tiennent en réserve, qu'ils présentent ou retirent, puis reprennent selon les circonstances : sachant bien chacun ce qu'ils devront accorder pour la décision quand il en sera tems. Ce point sert à croiser d'autres propositions, à éloigner ce qu'on veut faire oublier, et quelquefois, au contraire, à réveiller l'attention sur des choses négligées. Par ces motifs ou d'autres équivalens, on laissa reposer l'affaire de *Condé* et on entama celle du contrat de mariage, à laquelle celle de *Condé* servit de tems en tems d'intermède.

En mariant sa fille *Anne d'Autriche* à *Louis XIII* en 1615, *Philippe III* avoit exigé d'elle une renonciation à la couronne d'Espagne et à toute autre succession provenant de la maison d'Autriche, et que cette renonciation fut acceptée et confirmée par son époux. *Philippe IV* mariant sa fille *Marie-Thérèse* à *Louis XIV*, exigeoit la même condition.

Affaire du mariage.

Opinion sur la renonciation.

Ce n'est pas qu'il eut grande confiance en son exécution : car, selon son expression, rapportée par *don Louis*, il n'estimoit pas cette renonciation plus *qu'una patarata*; mais il la demandoit pour complaire à sa seconde épouse, fille de l'empereur *Ferdinand III*, passionnée pour la grandeur de sa maison, à laquelle elle croyoit que cette renonciation pourroit profiter. *Don Louis*, aussi peu convaincu que son maître de l'efficacité de la renonciation, insistoit cependant comme lui, pour ne pas déplaire au conseil d'Espagne, où le parti autrichien dominoit. Il ne se cachoit pas de cette manière de penser, et dans un moment de confiance, il dit à *Mazarin : Si le roi venoit à perdre ses deux enfans, comme on doit fort appréhender, étant très-foibles et l'aîné n'ayant pas encore vingt mois, on pourroit désirer plutôt qu'espérer que la France ne prît pas toutes les mesures et les moyens possibles pour succéder.* Cette phrase amphibologique signifioit ce que *Mazarin* pensoit de même, qu'arrivant l'ouverture de la succession, l'acte de renonciation, quelque force qu'on s'appliqua à lui donner, seroit alors peu respecté. On s'en occupa sur ce principe, comme d'une chose nécessaire pour le moment, peu importante pour la suite.

Les conférences n'étoient pas toujours employées à un même objet. On passoit souvent de l'un à l'autre, comme dans la conversation. On va voir par l'exemple de *Mazarin*, le parti qu'un négociateur attentif peut quelquefois tirer de ce mélange. A l'occasion du réglement des frontières du côté des Pyrénées, *don Louis* s'étoit montré déterminé à ne point souffrir d'empiétement sur l'Espagne. Mais dans le retour de l'éternelle affaire du prince de *Condé*, il échappa à l'espagnol de laisser appercevoir que, pour rendre la condition de son protégé meilleure, *Philippe* pourroit se relâcher sur quelques parties de la

<small>Finesse de Mazarin.</small>

Cerdaigne convenables à la France. De cette ouverture, *Mazarin* conclut que le conseil de Madrid n'est pas si éloigné de laisser entamer l'Espagne de ce côté. Il dresse des batteries, et tantôt menaçant de rompre les conférences, tantôt faisant espérer par cette cession une paix plus durable, il obtient sans équivalent toute la partie de la Cerdaigne au bas des Pyrénées, du côté de la France, et il écrit au roi d'un ton de satisfaction : *Ainsi votre majesté se trouve en possession d'un pays très-fertile, couvert de plus de trois cents villages et défendu par trois villes très-importantes, Perpignan, Collioure et Saliès.*

Ruse plus qu'adroite. Le cardinal se vante aussi d'une autre finesse moins louable, parce qu'elle n'est pas exempte de supercherie. Il avoit en 1631, n'étant encore que ministre subalterne, conclu le traité de Quierasque, qui régloit les intérêts des ducs de Savoie, Mantoue, Monaco et

Modène. Dans ce traité, il n'étoit pas question de la cession de Pignerol à la France. Elle fut prononcée dans un second traité de la même année, signé au même lieu. *Mazarin* n'osoit demander trop ouvertement la garantie de ce second traité, qui cédoit Pignerol, de peur que *don Louis* ou refusa, ou demanda autre chose. Cependant il la désiroit fort ardemment. Que fait-il? il faut l'entendre lui-même. *J'ai réussi, dit-il, à faire passer, sans que don Louis y ait fait réflexion, ce point important, parce qu'au lieu de mettre le traité de Quierasque au singulier, j'ai mis les traités de Quierasque au pluriel. Et comme le roi d'Espagne, en approuvant dans le tems ledit traité de Quierasque, s'est engagé à ne s'opposer en aucune façon, directement ni indirectement à son exécution, par ces termes les traités, je le fais obliger pour l'acquisition de Pignerol, ainsi que pour tout le reste.*

Affaire du duc de Lorraine.

Mais le cardinal dédaigna de se servir de ruse et même d'adoucissement à l'égard de *Charles IV*, duc de Lorraine, qui étoit venu aux conférences pour se faire comprendre dans le traité. Il avoit inconsidérément pris part aux intrigues de la cour de *Louis XIII*. Ce monarque lui fit payer cher le dangereux honneur d'avoir marié sa sœur à *Gaston*, duc d'Orléans, et de lui avoir donné asile dans ses états. Le roi s'en empara. Charles en racheta la plus grande partie, par la cession de quelques autres; mais bientôt fâché d'avoir subi une loi dure, il se tourna du côté des Espagnols, et leur mena un bon corps de troupes, qui fit pendant la fronde une irruption en France, et vint jusqu'à Paris. L'argent de la cour le fit rétrograder. Les Espagnols, mécontens de cette espèce de défection, et soupçonnant avec quelque raison qu'il traitoit de nouveau avec la France, le firent arrêter au milieu de son armée, et le gardèrent quatre ans prisonnier dans le château de Tolède.

Ils venoient de le relâcher, et arrivé aux Pyrénées, il sollicitoit vivement la restitution de ses états. *Mazarin* ne s'éloignoit pas de les rendre, mais à des conditions encore plus dures que celles de *Louis XIII* : savoir, qu'il perdroit le Barrois, que Nanci, sa capitale, et deux ou trois autres villes, seroient démantelées, que le roi auroit la liberté de mettre garnison dans quelques autres, et le droit de tracer à travers la Lorraine une route qui appartiendroit en toute souveraineté à la France, et par laquelle elle feroit passer, comme sur son propre territoire, les troupes qu'elle voudroit envoyer en Alsace et en Allemagne.

Charles se récrioit contre ces demandes exhorbitantes. *Mazarin* lui répondoit : *Vous avez servi les Espagnols. Pour récompense, ils vous ont donné une prison. Obtenez d'eux en dédommagement quelques villes; nous nous en accommoderons avec vous, et moyennant ces échanges, nous nous relâcherons en tout ou en partie des conditions dont vous vous plaignez.* Mais les Espagnols n'avoient plus besoin du duc. Ils ne voulurent rien lui accorder, et les clauses qui le regardoient, furent couchées dans le traité comme le ministre français les exigeoit. *Charles* en fut très-mécontent, et partit brusquement sans y acquiescer.

<small>Conduite de Mazarin à l'égard de Charles II, roi d'Angleterre.</small>

Un autre prince plus important n'eut pas non plus à se louer des égards du *cardinal*, c'étoit *Charles II*. Cromwel venoit de mourir : cet événement mettoit l'Angleterre dans une extrême confusion. *Charles* vint aux Pyrénées demander quelques efforts de la part des deux puissances, pour rentrer dans son royaume. Des mémoires du tems portent que *Mazarin* lui fit offrir secrétement des secours, s'il vouloit épouser une de ses nièces. Le refus dédaigneux du prince lui attira plus que de la négligence de la part du cardinal. Toutes ses attentions étoient prodiguées à *lord Lockard*, ambassadeur d'Angleterre, le même qui, interrogé s'il tenoit pour la royauté ou la république, répondit : *Je suis le très-humble serviteur des événemens.*

On remarquera à cette occasion que *Mazarin*, cet habile politique, accoutumé à prévoir les événemens par leurs causes, écrivoit à M. Letellier, son confident : *Que les mauvais conseillers dont Charles étoit environné, les mauvais partis qu'ils lui dictoient, loin de l'aider à recouvrer ce qu'il avoit perdu, seroient capables de lui faire perdre même ce qui étoit en sa possession.* C'étoit en septembre 1659, que *Mazarin* désespéroit du rétablissement de *Charles II*, et dès le mois de juin 1660, ce prince étoit remonté sur son trône. Tant il est difficile en fait de révolution, même avec la plus

Erreur de Mazarin à son sujet.

grande sagacité, de ne se pas tromper sur les événemens futurs!

Conclusion de l'affaire du prince de Condé.

Mazarin avoit eu lieu d'éprouver cette difficulté dans la révolution de sa vie politique. Après s'être vu sur le penchant d'une ruine presque certaine, il se trouvoit alors au comble des honneurs et de la puissance, avec la satisfaction de forcer ses ennemis à lui avoir obligation de leur rétablissement dans leurs biens et leurs honneurs, et à en faire l'aveu public. C'est ce qu'on remarque dans les articles du traité qui regardent le prince de *Condé* 1); il y est dit : *Le prince a fait savoir au roi par le cardinal Mazarin qu'il a une extrême douleur d'avoir depuis quelques années, tenu une conduite qui a été désagréable à sa majesté. Qu'il voudroit pouvoir racheter de son sang tout ce qu'il a commis d'hostilités, dedans et dehors le royaume, que si*

---

1) Articles depuis LXXIX jusqu'à LXXXIX.

sa majesté a la générosité d'user envers lui de sa bonté royale, il s'efforcera, tant que sa vie durera, de reconnoître ce bienfait par une fidélité inviolable.

Après cette amende honorable, on fait dire au prince que *pour faire voir par les effets combien il souhaite de rentrer en l'honneur de la bienveillance de sa majesté, il ne prétend rien dans la conclusion de cette paix pour tous les intérêts qu'il y peut avoir, que de la seule bonté et du propre mouvement dudit seigneur roi, son souverain, et désire même qu'il plaise à sa majesté de disposer de la manière qu'il voudra de tous les dédommagemens que le seigneur roi catholique voudra lui accorder et lui a déjà offerts.* Ces dédommagemens consistoient en quelques villes frontières, que le prince avoit possédées du tems de la fronde, qu'il avoit remis aux Espagnols, quand il se retira chez eux, qu'ils lui rendirent et qu'il céda au roi. Ils y ajoutèrent une somme d'argent. Ils vouloient ne la payer qu'en plusieurs termes assez éloignés ; mais le cardinal exigea qu'elle fut acquittée sur-le-champ, de peur que le paiement étant attaché à des époques, cette somme n'eût l'air d'une pension, que la crainte de n'être pas payé ne prolongeât les engagemens du prince avec l'Espagne, et ne lui servît de prétexte pour entretenir commerce avec cette cour. D'ailleurs il fut rétabli dans tous ses biens, honneurs et dignités, ou obtint des équivalens.

Règlement sur les possessions contestées. Quant aux possessions contestées entre les couronnes, on a vu qu'elles avoient été réglées par les préliminaires, il ne fut donc question que d'éclaircissemens ou de plus amples explications à leur sujet. Au reste, tant pour la forme que pour le fonds, tout l'avantage resta à la France. Elle se fit confirmer la cession de l'Alsace, prononcée par le traité de

Munster, obtint le Roussillon et beaucoup de parties de la Cerdaigne et des Pays-Bas avec leurs annexes et dépendances mal spécifiées : ce qui est à remarquer 1), l'Espagne recouvra ce qu'elle avoit perdu en Italie. Le roi de France s'engagea à ne donner aucune espèce de secours au roi de Portugal, promesse arrachée et peu sincère, et se réserva tous ses droits sur le royaume de Navarre; deux germes de guerre moins dangereux cependant que celui qui se développa ensuite dans le contrat de mariage, qu'on espéroit devoir être l'assurance d'une union indissoluble entre les deux nations.

1) Dans le comté d'Artois, les villes d'Arras, Hesdin, Bapaume, Lillers, Therouane et le comté de St-Paul. Dans le duché de Luxembourg, Montmédy, Thionville, Dampvilliers, Marville, Yvoy, Chavancy. Dans le comté de Flandres, Bourbourg, St-Venant, Gravelines. En Hainault, le Quesnoy, Landrecy, outre Marienbourg, Philippeville, Avesnes, etc.

Le contrat de mariage.

L'article principal de ce contrat, copié presque mot à mot de celui d'*Anne d'Autriche* avec *Louis XIII*, l'article d'où sont émanées des contestations, qui ont ensuite dégénéré en hostilités, est conçu en ces termes : *Moyennant le paiement effectif fait à sa majesté très-chrétienne de sa dot, consistant en cinq-cent mille écus d'or sols, ou leur juste valeur, en termes ainsi stipulés : savoir, le tiers au tems de la consommation du mariage, l'autre tiers à la fin de l'année de ladite consommation, et la troisième partie six mois après; ladite sérénissime infante se tiendra pour contente et se contentera de la susdite dot, sans que ci-après elle puisse alléguer aucuns droits, ou alléguer aucune action en demande, prétendant qu'il lui appartienne ou puisse appartenir autres plus grands biens, droits, raisons ou actions, pour ceux des héritages et plus grandes successions de leurs ma-*

jestés catholiques, ses père et mère, pour quelque titre que ce soit, soit qu'elle le sut au tems de sa renonciation, ou qu'elle l'ignorât.

Ce qu'il y a à remarquer dans cet article, c'est 1°. La *renonciation* elle-même, qui ne doit avoir lieu que *moyennant* le paiement de la dot; 2°. l'*étendue* de la renonciation, qui atteint tous les héritages et successions *pour quelque titre que ce soit, connu ou ignoré*, deux clauses qui auroient fait la matière d'un procès entre particuliers, et qui, entre souverains, furent une cause de guerre.

Ce contrat, signé le 7 novembre 1659, dans la vingt-troisième et dernière conférence, fut le couronnement des travaux des deux ministres. Ils se séparèrent avec des protestations réciproques d'estime et d'amitié et toutes les apparences de la plus sincère satisfaction d'avoir terminé une si importante affaire.

Don Louis soutenoit une mauvaise

<small>Fin des conférences</small>

<small>Jugement</small>

sur les deux ministres. cause. On ne peut guères lui accorder que l'honneur d'une résistance adroite. N'ayant pu gagner, il fut récompensé d'avoir su perdre à propos et le moins possible. *Philippe IV* érigea son marquisat de Carpio en duché grandesse de la première classe, avec le surnom *de la Paix*, et lui continua ses faveurs.

Mazarin étoit si puissant, qu'il n'avoit rien à désirer que de rester ce qu'il étoit. Il ne jouit que seize mois du titre de *pacificateur de l'Europe*, que quelques écrivains lui donnèrent, étant mort au commencement de mars 1661. Si on le juge par ses lettres, qui sont ordinairement le miroir de l'ame, quand on n'a pas d'intérêt de le ternir, *Mazarin* avoit tous les talens désirés dans un négociateur : la science de l'histoire et des droits des nations : la connoissance du caractère de son émule : l'adresse pour en profiter et ne se pas laisser pénétrer lui-même : circonspection à proposer :

répartie prompte et juste : empire sur son geste, son regard et toute sa contenance : point de changement dans sa physionomie, que celui qu'il vouloit y mettre. On peut ajouter, ce qui n'est pas inutile à un ministre, de la gaieté, le talent de la plaisanterie, l'art d'applaudir aux autres et de leur donner bonne opinion d'eux-mêmes : enfin, l'air calme et serein dans l'agitation des grandes affaires.

Quel avantage a retiré l'Espagne en prolongeant la guerre onze ans après la paix de Westphalie, dont elle auroit pu s'appliquer le bénéfice ? aucun. Au contraire, elle y a perdu des provinces gagnées pour la France ; mais trop achetées par le sang qu'elles ont coûté. Ces délais n'ont servi qu'à satisfaire la vanité des souverains ou de leurs ministres, leurs ressentimens ou leurs autres passions. Afin de les justifier en quelque manière, on désireroit pouvoir dire qu'ils étoient nécessaires pour lier les nations entre elles et assurer leur tranquillité, en écartant tout sujet de discorde et pouvoir assurer qu'on a réussi; mais c'est malheureusement ce qui n'est pas arrivé.

PREMIERE PAIX
D'AIX-LA-CHAPELLE.
EN 1668.

Un des principaux motifs qui, indépendamment de la détresse, avoit engagé le roi d'Espagne à tant de sacrifices, c'étoit le désir de reconquérir le Portugal, et l'espérance qu'employant à cette entreprise toutes ses forces, qui n'éprouveroient plus de diversion du côté de la France, il réussiroit à réunir sous son sceptre ceux qu'il appelloit des sujets rebelles. L'occasion paroissoit favorable. Le Portugal étoit sous une régence; mais la reine qui gouvernoit, en attendant les secours pour ainsi dire clandestins qu'elle espéroit toujours de la France, trouva une ressource chez les anglais. Elle fit avec eux un traité dont le sceau fut le mariage de l'infante *Catherine*, sa fille, avec *Charles II*, roi d'Angleterre, en 1662.

Premières atteintes portées à la bonne intelligence entre les deux cours.

A la différence des mariages ordinaires, où c'est l'épouse qui reçoit une dot, *Catherine de Bragance* apporta à *Charles II* la ville de Tanger, en Afrique, à laquelle on ajouta presqu'aussitôt l'isle de Bombay en Asie. Les Anglais donnèrent au Portugal deux millions de creusades et lui envoyèrent une escadre et des troupes. Ainsi, en moins de sept ans, depuis la prise de la Jamaique sur les Espagnols en 1655, moyennant la cession de Dunkerque, et enfin, de Tanger et de Bombay, les Anglais, qui, jusqu'alors, n'avoient eu aucun établissement hors de chez eux, se trouvèrent des points d'appui dans les quatre parties du monde 1).

1) Ce n'étoit pas la première fois que les Anglais tiroient des avantages du Portugal. *Cromwel* voyant ce royaume qui s'échappoit des fers des Espagnols, nud, désarmé, et en proie à toute sorte de besoins, lui offrit la ressource d'un commerce intime avec l'Angleterre. Le 10 juin 1654, il signa avec *Jean XV* un traité en XXVIII articles, les plus favo-

La parole solennelle que *Mazarin* avoit donnée au nom du roi, de ne point secourir le Portugal, contint par une espèce de honte, tant que le ministre vécut, le désir de ne pas abandonner d'anciens alliés; mais cette délicatesse disparut à la mort du cardinal, en 1661. Il partit aussitôt pour le Portugal six-cents officiers sous Schomberg, maréchal de France, né allemand. Ils furent suivis de recrues qu'on embarquoit avec quelques précautions de secret. Le roi d'Espagne se plaignit. On répondit que ce rassemblement se faisoit sans que la cour y eut aucune part, que le chef étoit un étranger, ainsi que la plupart des soldats, sur lesquels le roi avoit peu d'autorité. D'ailleurs, ajoutoit-on, tel est le ca-

rables qu'il fut possible pour les manufactures et la navigation anglaise. C'est ce traité qui a jeté le fondement non de l'union du Portugal avec l'Angleterre, mais de l'asservissement de la puissance continentale à la puissance insulaire.

ractére des Français, qu'ils vont chercher la guerre par-tout où elle se trouve, sans qu'on puisse les empêcher; que cependant on y mettroit ordre, et cet ordre fut de proclamer des peines rigoureuses contre ceux qui s'enrôleroient. On donna des ordres sévères pour arrêter les enrôlés, on les poursuivit même; mais quand ils étoient partis.

Philippe IV, comme on voit, n'avoit pas beaucoup à se louer de son gendre, qui aidoit ses ennemis, qui venoit de le forcer en 1661, avec beaucoup de hauteur, de défendre à ses ambassadeurs de concourir en aucune circonstance avec ceux de France, auxquels ils céderoient le pas en toute occasion, et enfin, qui demandoit le paiement de la dot de sa femme au souverain du Pérou, qui n'avoit pas d'argent.

<small>Alternative proposée de payer la dot ou de rétracter la renonciation.</small> *Louis XIV* envoya à Madrid un ambassadeur chargé de demander ce paiement. On voit par sa correspondance 1)

1) Cet ambassadeur étoit archevêque d'Em-

qu'il avoit ordre de rendre ses instances plus ou moins vives, selon les circonstances. Les trois termes fixés par le contrat de mariage pour le paiement, étoient plus qu'échus, qu'on ne songeoit pas seulement à entrer en compte. L'archevêque insistoit ; on lui répondit : *La solde de cette dette presse plus l'Espagne que le roi de France, pour les*

brun. Il arriva en Espagne en 1661, et y resta jusqu'à la rupture en 1667.

Le marquis *de Croissi*, ministre des affaires étrangères, a fait composer l'*Histoire des négociations des ministres du roi en Espagne, d'après les registres de la secrétairerie d'état.* Elle contient plusieurs vol. in-fol, dont la correspondance de l'archevêque d'Embrun fait partie.

Il se trouve aussi au dépôt une *Histoire de la négociation du traité d'Aix-la-Chapelle entre le roi et Charles II, roi d'Espagne,* un vol. fol. Le rédacteur de cet ouvrage, d'un style pur et correct, précieux pour des anecdotes qu'on ne trouve pas ailleurs, n'a pas mis son nom.

clauses essentielles du contrat de mariage. Ainsi il faut se reposer sur elle du soin d'y pourvoir.

En effet, tout ce que risquoit *Louis XIV*, c'étoit que, faute du paiement de la dot, la renonciation de son épouse devînt nulle, et alors s'ouvroit une vaste carrière à des prétentions de toute espèce. Il proposa même de s'abstenir de demander le paiement, si on vouloit annuller la renonciation; mais il déclara en même-tems que si on continuoit à contrevenir au contrat de mariage, en ne payant pas la dot, il se regarderoit comme autorisé à ne se pas croire lié par l'engagement spoliateur qu'on avoit fait prendre à son épouse.

<small>Efforts inutiles pour terminer les différens.</small> Plusieurs années se passèrent en délais et en plaintes qui dégénérèrent souvent en altercations. La reine-mère de France vivoit, et on ne vouloit pas lui donner le chagrin de voir commencer les hostilités entre les deux nations qu'elle s'étoit flattée de faire vivre en paix par le ma-

riage de son fils avec sa nièce. Elle auroit reconnu avec trop de douleur, que c'étoit ce mariage même qui alloit mettre ces deux peuples aux mains. *Philippe IV*, son frère, mourut en septembre 1665. Pendant trois mois qu'elle lui survécut, elle fit auprès du conseil de *Charles II*, son neveu, des démarches conciliatrices qui n'aboutirent qu'à établir une espèce de procès par écrit, qui retarda la guerre de deux années. Une courte analyse des principales pièces servira à fixer l'opinion sur les droits des deux puissances intéressées 1).

1) On en citera quatre qui contiennent tout ce qu'on peut dire pour et contre dans cette affaire.

1°. *Reginæ christianissimæ jura in ducatum Brabantiæ et alios ditionis hispanicæ principatus.*

2°. Les Espagnols y répondirent par un mémoire qui vaut un livre intitulé: *Tractatus de jure devolutionis.*

3°. Les Français le réfutèrent par des *Remarques pour servir de réponse aux écrits*

<small>Raisons de part et d'autre.</small>

Le point de droit est appuyé sur un fait historique. *Philippe IV* avoit épousé en première nôces *Elizabeth* de France, fille d'*Henri IV*. Elle mourut en 1644 et laissa deux enfans : *Marie-Thérèse*, femme de *Louis XIV*, et un fils *don Baltazar*, qui mourut jeune, de sorte que tous les droits qu'auroient pu prétendre *Marie-Thérèse* et *don Baltazard* en commun, à la mort d'*Elizabeth*, leur mère, retomboient en entier sur la tête de *Marie-Thérèse*, reine de France.

Or, il existoit une coutume de Brabant qui régloit les successions dans ce pays. Un des principaux articles étoit conçu en ces termes : *Si un homme et*

imprimés à *Bruxelles*, *contre les droits de la reine*.

4°. Enfin ces questions litigieuses sont *mises à la portée de tout le monde*, dans un *Dialogue sur les droits de la reine très-chrétienne, entre trois avocats, français, flamands et allemands.*

une femme ont des enfans, et que l'un des deux vienne à mourir; par la séparation du mariage, la propriété des fiefs venant du côté du plus vivant, passe à l'enfant ou aux enfans provenant du même mariage, et le plus vivant n'a plus aux mêmes fiefs qu'un usufruit héréditaire. Ainsi Marie-Thérèse au moment de la mort de sa mère, étoit devenue propriétaire des fiefs même *du plus vivant*, c'est-à-dire, de son père, qui n'en étoit plus qu'*usufruitier héréditaire*.

Quelque bisarre que paroisse cette loi, elle existoit. *Louis XIV* en réclamoit l'exécution, puisque *Philippe IV*, qui avoit joui de l'usufruit héréditaire de ces fiefs, étoit mort. Il demandoit donc à *Charles II*, son beau-frère, la cession *du duché de Brabant et de ses annexes, la seigneurie de Malines, la Haute-Gueldre, Namur, Limbourg et les places au-delà de la Meuse, l'Artois, le Cambresis, le*

Hainaut, le duché de Luxembourg et la Franche-Comté; enfin tout ce qui étoit dans la coutume de Brabant, *Louis XIV* le vouloit en entier. Quant au reste de la succession, provenant de la maison de Bourgogne, fondue par *Charles-Quint* dans la maison d'Autriche, il consentoit que son épouse, seule du premier lit de *Philippe IV*, le partageât avec son frère *Charles II* et sa sœur *Marguerite-Thérèse*, du second lit.

Le conseil d'Espagne répondoit, à l'égard du Brabant, que sa coutume ne lioit que les particuliers et non pas les souverains. Quant aux autres biens provenant de l'hérédité de Bourgogne, reconnus par les Français partageables, ils étoient, disoient les jurisconsultes espagnols, attachés indivisiblement à l'intégrité de leur monarchie, par l'acte que *Charles-Quint* avoit fait, en cédant ses Etats à *Philippe II*, son fils. De plus, s'il se trouvoit quelque vice dans l'attribution de ces biens, ils le prétendoient couvert par les termes rigoureux de la renonciation de *Marie-Thérèse* dans son contrat de mariage.

Mais, répliquoient les Français, *la reine a renoncé aux héritages et successions de leurs majestés catholiques.* Or, le Brabant n'étoit pour *Marie Thérèse ni héritage, ni succession :* c'étoit sa propriété, acquise à l'instant de la mort de sa mère, dont son père n'avoit plus que *l'usufruit héréditaire.* Ainsi la renonciation de la reine de France tombant sur les *héritages et successions*, étoit radicalement nulle à l'égard du Brabant. Elle l'étoit devenue à l'égard des autres biens, par cette clause du contrat de mariage : *moyennant le paiement effectif de la dot, la sérénissime infante se tiendra contente :* clause exclusive et irritante qui revient à ces mots : *point de paiement, point de renonciation.* Or, rien n'avoit été payé, donc la renonciation étoit nulle 1).

1) Voltaire dans son *Siècle de Louis XIV*.

Hostilités. *Louis XIV* appuya ces raisonnemens de trois armées, qu'il fit passer en Flandres, au milieu de l'année 1667. Il se mit à la tête de la plus nombreuse. Le galant monarque mena à cette expédition sa jeune épouse, avec une cour leste et brillante. On y alloit gaiment, comme des collatéraux, et trop souvent des héritiers directs vont recueillir une succession. En deux mois il prit Armentières, Charleroy, Binch, Ath, Tournai,

tom. 1er. p. 157, pour infirmer la nullité de la renonciation tirée du non-paiement de la dot, dit que celle d'*Elizabeth*, mère de *Marie-Thérèse*, n'avoit pas été payée par la France, et il insinue que cette réciprocité de non-paiement auroit dû opérer compensation. Pour les deniers à la bonne heure; mais non pour les effets; parce que le contrat de mariage de la dernière, portant une de ces conditions alternatives, impossibles à éluder, que les jurisconsultes expriment par ces mots *conditio sine quâ non*, faute de paiement actuel et non compensatoire, la renonciation devenoit nulle.

Cambrai, Oudenarde et enfin Lille. Pourvu de ce nantissement, le vainqueur s'arrêta et retourna à Paris, à la fin d'août, laissant aux nations étonnées à réfléchir sur ce qu'elles avoient à craindre d'un jeune conquérant si actif et si heureux. En partant il remit aux ministres espagnols un plan de pacification, qui consistoit dans l'alternative de garder ce qu'il avoit pris, ou qu'on lui accordât d'autres places, qu'il spécifioit.

A la guerre de campagne succéda celle de cabinet, ou plutôt celle ci n'avoit jamais été interrompue. Les princes de l'Empire limitrophes, intéressés à ce que la paix ne fut pas troublée dans leur voisinage, ou du moins qu'elle se rétablit promptement, se donnoient de grands mouvemens auprès de la France et de l'Espagne. Les Hollandais, les plus menacés de tous, négocioient vivement pour suspendre les hostilités et s'appuyoient de l'intervention de l'Angleterre, dont le roi étoit malgré lui poussé

Négociations.

par le vœu de son peuple, à ne pas souffrir cet agrandissement de la France.

<small>L'empereur abandonne l'Espagne.</small>

Celui dont on auroit dû attendre les plus grands efforts pour l'Espagne, l'empereur *Léopold*, époux de l'infante *Marguerite Thérèse*, pour laquelle *Philippe IV* avoit dans son testament rappellé et confirmé la renonciation imposée à *Marie Thérèse*, reine de France, sa sœur aînée, l'empereur non-seulement restoit tranquille, mais encore il fit dire au consul d'Espagne, qu'il trouvoit les demandes du roi de France justes, et que si on n'acceptoit pas l'alternative proposée, tout ce qu'il pourroit faire pour l'Espagne seroit de rester neutre.

<small>Il partage la monarchie d'Espagne avec la France.</small>

On fit, dans le tems, honneur à l'équité de *Léopold*, d'une conduite qui n'étoit que l'effet d'une convention également avantageuse aux deux beaux-frères. Un petit événement assez indifférent de lui-même, leur donna l'idée, au lieu de se disputer quelques lambeaux de la monarchie espagnole, de se la partager 1). On y procéda, sans délai, sous la condition que le traité dont on

1) Ce fut une gaieté de table. M. de *Wika*, résident de l'empereur en France, donnoit un grand repas à l'occasion de la naissance d'une archiduchesse que venoit de lui donner *Marguerite-Thérèse*, son épouse. M. de *Lionne* se trouvoit à ce repas. Le résident porta une santé à la prospérité de l'Empire et de la France, et ajouta que les deux cours ayant chacune un héritier, on trouveroit à Vienne plus de dispositions qu'autrefois pour un traité relativement à la succession éventuelle de l'Espagne : la foible santé de *Charles II*, sur lequel reposoient toutes les espérances de la maison d'Autriche en Espagne, autorisoit des projets à cet égard.

Le ministre de France ne laissa pas tomber le mot de son hôte. Il en parla au roi, qui fit écrire au chevalier de *Gémonville*, son ambassadeur auprès de l'empereur, de tâcher de découvrir s'il y avoit quelque fondement à ce discours. Il ne s'en trouva aucun ; mais la recherche donna lieu à des explications qui firent connoître que les deux cours étoient dans les mêmes dispositions. *Tiré de l'histoire composée par l'ordre* de M. de *Croissi.*

s'occupoit, n'auroit lieu que si le jeune *Charles II* mouroit sans enfans; mais, cependant que l'engagement convenu entre les contractans, si le roi d'Espagne parvenoit à avoir des enfans, dureroit, non-seulement dans le tems de leur naissance, mais dix ans après.

On travailla avec le plus grand secret, et comme il ne s'agissoit que du plus ou du moins à prendre de chaque côté, on fut bientôt d'accord. Il y eut cependant plusieurs plans. Dans le premier, l'empereur devoit avoir le royaume d'Espagne, à l'exception de la Navarre et ses dépendances, les Indes orientales et occidentales, les îles Canaries, tous les présides d'Afrique, les îles de Sicile et de Sardaigne, Majorque, Minorque et Ivrea. Le roi de France, tous les Pays-Bas, la Franche-Comté, le duché de Milan, les royaumes de Naples et de Sicile, les ports de Toscane, la Navarre, la ville de Roses et les Philippines.

Le résultat des débats, qui durèrent

pacifiquement les deux derniers mois de l'année 1667, donna à *Louis XIV* à-peu-près ce qui avoit été proposé d'abord, et en sus la ville de Roses et les présides d'Afrique, et on ajouta que ce que le roi s'abstiendroit de conquérir dans les Pays-Bas, et que ce qu'il céderoit actuellement pour le bien de la paix, lui reviendroit quand les contractans jugeroient à propos de mettre leur convention à exécution. Ce traité fut conclu à Vienne, en janvier 1669, et le roi envoya, le 12 février, sa ratification par un exempt accompagné de six gardes, qui reçut du chevalier *Gémonville* celle de l'empereur, dans une boîte scellée; de sorte, que le secret resta entre l'empereur, le roi et deux ministres qui avoient traité.

Tranquille du côté des Pays-Bas, qui en tout ou en partie ne pouvoient lui échapper, *Louis XIV* faisoit alors en personne, la conquête de la Franche-Comté, qui ne dura qu'un mois, dans le

Conquête de la Franche-Comté

cœur de l'hiver. Il l'avoit entreprise, pour forcer les Espagnols à se décider sur l'alternative qu'il leur proposoit.

Traité de la triple alliance.

La chose pressoit, parce que les Hollandais inquiets de voir si près d'eux ce prince conquérant, qu'ils commençoient à redouter, venoient de conclure à la Haie, le 23 janvier 1668, avec l'Angleterre et la Suède, un traité qu'on appela la *triple alliance.* Son but étoit de forcer l'Espagne d'accepter l'alternative déjà proposée, de laisser *Louis XIV* maître des places qu'il avoit conquises, ou de lui abandonner, soit le duché de Luxembourg, soit la Franche-Comté, et de joindre à l'un de ces pays, qu'il choisiroit Cambrai et le Cambrésis, Aire, S.-Omer, Douai, Furnes et ses dépendances. Il y avoit un article secret qui portoit que, si le roi de France refusoit d'accepter la paix à ces conditions, les états-généraux donneroient des secours aux Espagnols, et feroient avec leurs alliés, la guerre à la France par terre et par mer, jusqu'à ce que les choses fussent rétablies sur le pied de la paix des Pyrénées.

Cette clause ne put être si secrète, qu'elle ne parvint à la connoissance de *Louis XIV* : elle l'irrita beaucoup contre les états-généraux ; mais sa colère ne l'empêcha pas de continuer la négociation, qui avoit été entamée à Paris, par *Van-Bucning*, leur ambassadeur, et un agent secret de l'Espagne. Pendant que ces négociateurs applanissoient mystérieusement entre eux les difficultés les plus importantes, les affaires se traitoient solennellement dans un congrès assemblé à Aix-la-Chapelle du consentement de toutes les parties.

Louis XIV mécontent des Hollandais. Congrès d'Aix-la-Chapelle

Les Hollandais auroient désiré que l'Espagne ne cédât que des places éloignées de leurs frontières. Les Espagnols, au contraire, affectoient de vouloir accorder à *Louis XIV* les plus proches de la république, afin que la crainte du voisinage fit prendre à leurs hautes-puis-

Vues différentes des Espagnols et des Hollandais

sances le parti de l'Espagne, et qu'elles fussent ainsi entraînées dans la guerre. Les Hollandais désiroient à la vérité de circonscrire le monarque Français, de le comprimer, mais sans guerre. Dans cette intention, plutôt que de le laisser avancer dans leur voisinage, ils lui avoient proposé de conquérir eux-mêmes pour lui ce qu'il désiroit, si les Espagnols ne se décidoient pas sur l'alternative offerte.

Louis XIV refuse de confier ses intérêts aux Hollandais.

Mais, plus assuré de ses armées que de celles d'une puissance intéressée à ne pas faire de grands efforts, *Louis* avoit continué les siens. Il les suspendit du côté de la Flandres, après ses premières conquêtes, déterminé à ce que l'on croyoit par les prières de l'empereur et des princes de l'empire; mais réellement, parce que le traité de partage lui donnoit des sûretés qu'il devenoit inutile de rechercher par les armes.

Traité de S.-Germain.

Enfin, les Espagnols acceptèrent la partie de l'alternative, qui laissoit au roi ses conquêtes. Ils les abandonnèrent par un accord conclu entre les ministres de France et eux, à St.-Germain-en-Laye, les derniers jours de février 1668. Cet accommodement accéléra ou plutôt termina les opérations du congrès d'Aix-la-Chapelle. On prétend même que le traité définitif y fut envoyé tout dressé. Il y fut signé, le 2 mai de cette année. Ainsi, pendant que les ambassadeurs de plusieurs puissances, et un nonce du pape médiateur, fixoient sur eux, dans cette ville, les regards des nations, un bourgeois d'Amsterdam stipuloit en France, les conditions qui lioient les monarques.

Tout se passa à Aix-la-Chapelle, de la plus mauvaise grace de la part des Espagnols. Le duc de *Castel-Rodrigo*, gouverneur des Pays-Bas, qui avoit été nommé plénipotentiaire, ne voulut pas signer lui-même le traité, qu'il regardoit comme déshonorant pour sa nation. Il délégua le baron de *Bergiek*, qui fit toute sortes de difficultés déplacées, et jugées telles, même par les ambassadeurs de Hollande et d'Angleterre. M. *Colbert*, le plénipotentiaire de France, qui avoit des ordres, souffrit tout patiemment, et reçut le traité, comme on reçoit l'argent d'humeur d'un débiteur mécontent.

<small>Conditions du traité.</small> De neuf articles qui composent le traité d'Aix-la-Chapelle, il n'y en a que deux essentiels. Le troisième, qui contient les cessions faites à la France; savoir : *Charleroy*, *Binch*, *Ath*, *Douai, le fort de Scarpe compris, Furnes, Lille et ses dépendances.* Le quatrième, restitue à l'Espagne *les villes, châteaux et forts du comté de Bourgoin, vulgairement appellé la Franche-Comté,* et toutes les conquêtes faites dans les Pays-Bas, excepté les villes, forts, pays et dépendances comprises dans l'article III.

<small>Motifs de Louis XIV pour la paix</small> Certainement, on dut admirer la modération de *Louis XIV*, qui, avec des forces si supérieures se contentoit d'un

partage si modique; mais on ignoroit son arrangement avec l'empereur, dont l'exécution lui auroit donné sans coup-férir, tout ce qu'il paroissoit abandonner si généreusement. De plus, le monarque n'étoit pas sans crainte du côté des Hollandais. Il appréhendoit de s'attirer ces républicains sur les bras, dans le tems qu'il n'avoit encore qu'une foible marine à leur opposer, et lorsqu'il savoit que de concert avec les Anglais, dont ils s'étoient assurés, ils pourroient bloquer dans ses ports, et détruire cette marine naissante.

Dispositions à une nouvelle guerre. — Les Hollandais, de leur côté, n'ignoroient ni leurs forces, ni la crainte qu'elles inspiroient : ce qui les rendoit très-fiers. Ils regorgeoient alors de richesses : autre motif, pour ne pas triompher modestement. Il est certain, que dans des inscriptions fastueuses, ils se donnoient la gloire d'avoir *assuré la liberté des mers, pacifié l'Europe, et d'être les arbitres des rois.* C'étoit déjà trop qu'un pareil étalage de vanité aux yeux du monarque, après le traité qu'ils venoient de lui arracher, pour borner à leur gré les conquêtes dans les Pays-Bas; mais de plus, ils n'eurent pas la circonspection de réprimer la licence de quelques écrivains, de quelques graveurs imprudens, qui se permirent des allusions piquantes et des caricatures, auxquelles *Louis XIV* se montra trop sensible.

Il y auroit à ce sujet matière à comparaison, entre *Philippe* roi de Macédoine avec les Athéniens, et *Louis XIV* roi de France avec les Hollandais. Le père d'*Alexandre*, reprochoit aux républicains dans une lettre que nous avons encore 1). *La licence effrénée avec laquelle leurs orateurs invectivoient dans les tribunes, tantôt les plus célèbres citoyens, tantôt les plus célèbres étrangers, afin de parvenir à se faire dans l'esprit du peuple, la réputation de*

---

1) Toureil, édit. de Paris, tom. 2, p. 412.

zélés républicains. De même le monarque Français adressa plus d'une fois aux états-généraux, par ses ambassadeurs, des plaintes sur les libelles diffamatoires qu'ils laissoient répandre dans la république, et qui circuloient de là dans toute l'Europe. Le parallèle devient exact, quand on voit que *Philippe* déclara la guerre aux Athéniens, et *Louis XIV* aux Hollandais.

PAIX
DE NIMÈGUE,
en 1678.

Motifs de guerre.

Quand on cherche les motifs de cette guerre, il paroît tant par les témoignages des historiens contemporains, que par les pièces ministérielles qui nous restent 1), qu'elle fut toute de vengeance, de dépit et d'un amour-propre outragé.

1) Les principaux ouvrages qui nous ont servi de guide pour l'histoire de la paix de Nimègue, sont 1°. *les actes et mémoires des négociations de la paix de Nimègue.* La Haie, 1697, 7 vol. fol.

2°. *Recueil de divers traités conclus entre les potentats de l'Europe et de tous les mémoires et lettres qui ont servi à la négociation de Nimègue.* Un vol. in-4°, Paris, Frédéric Léonard, 1679.

3°. *Histoire de la négociation de la paix de Nimègue, composée sur les registres de la secrétairerie, sous les ordres de M. le marquis de* Torcy, *secrétaire d'état en* 1697, 2 vol. fol. manuscrit des relations extérieures, le premier contenant ce qui s'est passé dans

Mais les passions, qui entraînent ordi- *Précautions.*
nairement dans des actions précipitées,
ne firent rien hasarder à *Louis XIV.* Il
se donna le tems de prendre ses mesures.

les années 1675 et 1677; le deuxième, les années 1678 et 1679. Le tout composant 2399 pages. Ils sont précieux pour l'exactitude des dates. Nous y avons trouvé peu de faits qui ne soient dans les *actes et mémoires* imprimés, et la récolte n'a pas répondu à l'espérance que nous donnoit cette volumineuse collection.

On n'a pas cru devoir négliger un manuscrit de 4 vol in-fol., qui porte sur le dos *Négociations du comte d'Estrade*, qui étoit un des plénipotentiaires de Nimègue. Chaque volume en l'ouvrant, présente pour titre : *Extrait des négociations de Hollande*, ou pour mieux dire, de plusieurs titres et mémoires pendant les années 1660-61-62-63-64 et 65. Quoique la matière de cet ouvrage précède de plusieurs années les négociations de Nimègue, sur la réputation du comte d'Estrade, qui a été plénipotentiaire à ce congrès, on s'étoit flatté d'y trouver des particularités utiles à la connoissance des faits pos-

D'abord il s'appliqua à rompre la triple alliance, dont les Anglais faisoient toute la force : ce qui ne fut pas difficile du côté de *Charles II.* Ce prince avoit ven-

térieurs. Mais on a été trompé. Ce n'est qu'une collection d'articles iucohérens, espèce de journal d'affaires, d'intérêts, aliénations, usurpations, réclamations, échanges entre les petits princes voisins de la Hollande.

L'inscription qui se lit sur le dos : *Négociations du comte d'Estrade*, nous a fait naître l'idée de rechercher ces *négociations*. L'auteur du *Nouveau dictionnaire historique*, imprimé à Caen en 1785, au mot *Estrade*, dit que ces mémoires, composés de 22 vol. in-fol. étoient à la bibliothèque du roi ; que *Jean Aimon*, convaincu d'autres larcins à cette bibliothèque, en vola quelques volumes et les publia à Amsterdam, en 1709, après les avoir tronqués. Ce que *Jean Aimon* n'a pas volé devroit donc se trouver à la bibliothèque nationale ; mais nos recherches à cet égard ont été infructueuses.

Leur inutilité confirme ce qui se lit dans les *Lettres, mémoires et négociations de M. le comte d'Estrade*, imprimés à Londu, en 1662, Dunkerque à *Louis XIV*, pour cinq millions. Cet achat faisoit connoître qu'on pouvoit obtenir beaucoup de choses de lui avec de l'argent. On en proposa, non-seulement à lui, mais à ses ministres. *Colbert* les gagna dans un

dres, chez Nourse, 1743, 8 vol. in-12. L'éditeur affirme dans l'avertissement, pag. 111, que ces mémoires n'ont jamais existé dans la bibliothèque du roi de France, et que ce qui en a existé jusqu'à lui, qui en donne une édition complette, s'est trouvé dans des bibliothèques particulières, qu'il cite.

Entre les 500 volumes de la bibliothèque Colbertine, déposés à la nationale, les 104-106-334-37-41-42-59-65, contiennent des négociations du comte d'Estrade. On a eu la curiosité de les comparer avec *l'extrait* qui donne lieu à ces éclaircissemens, et par la correspondance des partitions et d'autres indices, on est porté à croire que *l'extrait* des relations extérieures a été fait sur ces volumes de la bibliothèque Colbertine. La réputation méritée du *comte d'Estrade*, comme négociateur, fait présumer que cette notice sur ses mémoires, ne paroîtra pas superflue.

voyage qu'il fit à Londres. Il leur présenta cette illusion, qu'en se prêtant à l'abaissement de la Hollande, leur roi réussiroit à se rendre plus absolu en Angleterre. Ils se laissèrent, ou firent semblant de se laisser surprendre à ce prestige, appuyé de bonnes sommes d'argent. Pour déterminer *Charles II* à une guerre qui déplaisoit à sa nation, outre l'argent, on employa les sollicitations d'*Henriette Duchesse* d'Orléans, sa sœur. Ils avoient été malheureux ensemble. Cette ressemblance dans leur sort, avoit donné à la princesse beaucoup de crédit auprès de son frère. On a dit qu'elle l'appuya encore, par la présence d'une belle Bretonne, qui ne fut pas inutile pendant la négociation, et qui, restée auprès du roi d'Angleterre, servit à l'entretenir dans ses bonnes dispositions pour la France.

Traités. Le 10 décembre 1770, il y eut un traité signé entre les deux rois, qui stipuloit ce que chacun fourniroit de troupes de terre, de vaisseaux et d'argent. L'Angleterre, six mille hommes pour la guerre de terre, cinquante gros vaisseaux et six brûlots. *Louis XIV* ne se bornoit point pour les troupes de terre, il devoit, outre cela, joindre à la flotte anglaise et entretenir trente vaisseaux et dix brûlots, sous le commandement du duc d'Yorck, et donner trois millions par an au roi d'Angleterre, pour les frais. A ces clauses, on joignit pour satisfaire le peuple anglais, la promesse de lui céder, après la conquête, quelques isles de la Hollande et de la Zélande. Ce traité fut confirmé avec ampliation, le 12 février 1672.

La Suède se laissa aussi séparer de la triple alliance, par un subside, et même amener à une ligue offensive et défensive, et à un engagement, à des secours mutuels stipulés dans un traité qui fut signé, le 14 avril 1672. Le même appas gagna l'évêque de Munster, prélat guerrier, qui s'étoit déjà mesuré avec les

Hollandais, celui de Cologne, et quelques autres princes de l'Empire, leurs voisins, qu'on flatta de l'espérance de partager leurs dépouilles, se liguèrent aussi contre eux.

Manifestes. Celui de France. Tout étant prêt, le 6 avril 1672, parurent les déclarations de guerre des rois de France et d'Angleterre, contre les états-généraux des Provinces-Unies. Celle de *Louis XIV* est très-courte, et porte *que la mauvaise conduite que les états-généraux tiennent depuis quelques années à son égard, est parvenu jusqu'à un tel point, que sa majesté ne peut plus qu'aux dépens de sa gloire, dissimuler l'indignation que lui cause une manière d'agir si peu conforme aux grandes obligations, dont sa majesté et les rois ses prédécesseurs, les ont si libéralement comblés.*

Celui d'Angleterre. La déclaration de *Charles II*, publiée par l'avis de son *privé conseil*, plus étendue que celle de *Louis XIV*, est un manifeste, dans lequel il rassemble avec emphase tous ses griefs contre les Hollandais; savoir : l'inexécution de la paix de Bréda, conclue en 1667, inexécution, sur-tout, à l'égard du pavillon que les Hollandais s'étoient engagés à baisser devant celui d'Angleterre. Suivent des plaintes, au sujet d'entreprises, de pêche sur des côtes prohibées, des contraventions de commerce; enfin, ajoute le roi de la Grande-Bretagne, *des inscriptions injurieuses et pleines de faussetés contre nous et nos sujets, même des peintures et médailles exposées en public, par le commandement même des états.* C'est sur ces motifs frivoles que fut allumée une guerre qui embrâsa toute l'Europe 1).

1), On remarque dans ce manifeste, pag. 7 du recueil in-4°., cette phrase singulière : *depuis le retour de notre ambassadeur,* (envoyé aux Hollandais pour l'affaire du pavillon) *il nous en ont envoyé un extraordinaire, qui d'une manière fort extraordi-*

Embarras des Hollandais. Les Hollandais se trouvoient dans une position très-fâcheuse, sans alliés, sans préparatifs, et divisés par des factions. Celle de la maison d'Orange, vouloit rétablir le stathoudérat, qu'un édit perpétuel avoit supprimé. Les deux célèbres frères de *Wit* étoient à la tête du parti qui soutenoit l'extinction de cette magistrature. La paix avoit fait négliger le militaire, et quoiqu'elle ne durât que depuis treize ans, les forteresses étoient déjà dénuées de munitions et leurs ouvrages négligés, tomboient en ruine. Il n'y avoit que la flotte qui fut en bon état, sous les ordres de *Ruyter*, un des plus grands hommes de mer qui ait existé. Presque tous les autres chefs,

---

naire, nous a fait entendre qu'il ne pouvoit nous donner de satisfaction, jusqu'à ce qu'il eut envoyé savoir la volonté de ses maîtres. Ainsi ce n'est pas la première fois qu'est arrivé ce que nous avons vu de nos jours, qu'un ambassadeur vient dire qu'il envoyera chercher des ordres de ses maîtres.

sur-tout les commandans de place, n'avoient la plupart que le mérite de tenir au parti dominant.

Aussi, lorsque *Louis XIV* eut effectué le passage du Rhin, ce qui arriva le 18 avril 1672, toutes les villes, comme à l'envi, ouvrirent leurs portes, et les Français marchoient droit à Amsterdam, dont ils étoient peu éloignés, lorsque les Hollandais percèrent leurs digues, et opposèrent aux vainqueurs l'obstacle de l'inondation. En même temps ils firent des propositions de paix assez justes. *Louis XIV* les reçut d'un air dédaigneux, et leur signifia les siennes Il exigeoit des excuses publiques, qu'une ambassade solennelle porteroit au pied de son trône, des médailles frappées aux dépens de la république, qui éterniseroient le souvenir de la faute et du châtiment. Il y avoit aussi des demandes en priviléges de commerce, argent et vaisseaux, qui faisoient juger que ce n'étoit pas la vanité seule qui lui avoit mis les armes à

<small>Victoires et hauteur de Louis XIV.</small>

la main. Malgré leur détresse, les Hollandais se déterminèrent à risquer plutôt les dernières extrémités, que de se soumettre à ces orgueilleuses conditions.

Il se trouve embarrassé à son tour.

Mais bientôt les affaires changèrent de face. Le parti d'*Orange*, qui étoit contrarié par les de *Wit*, l'emporta. Les deux frères qui inclinoient pour la paix, dans la crainte que le jeune *Guillaume Henri*, fils du dernier Stathouder, ne profita de la guerre, pour faire rétablir cette dignité, furent massacrés, le 22 août 1672. Le stathoudérat fut, en effet, recréé et conféré à ce prince. Sous son influence, les armes et les négociations reprirent une activité qui donna des succès. Ces succès attirèrent des alliés.

Toute l'Europe contre la France.

A la première menace de la guerre contre la Hollande, l'Espagne craignant pour ses provinces des Pays-Bas, avoit, le 17 décembre 1671, signé une alliance offensive et défensive avec les Hollandais, portant garantie réciproque de leurs possessions. Le marquis de Brandebourg, également intéressé pour la partie de la Gueldre, qui lui appartenoit, s'étoit joint au traité d'Espagne; mais s'étant vu enlever cet état, il fit, le 16 juin 1673, sa paix avec la France, qui lui rendit les conquêtes faites sur lui. Le 30 août de la même année, l'empereur qui n'avoit pas été assez ménagé par *Louis XIV*, se joignit à l'Espagne, par un traité en faveur des Hollandais. Le marquis de Brandebourg se voyant alors mieux appuyé, se retourna contre la France. Le roi de Dannemarck, à la sollicitation de l'empereur, se joignit à la ligue et attaqua le roi de Suède, ce qui fit une diversion très-avantageuse aux nouveaux alliés. Enfin, le roi d'Angleterre, forcé par le mécontentement et les clameurs de sa nation, fit sa paix avec la Hollande, le 19 février 1674, et fut imité en avril et mai de la même année, par l'archevêque de Cologne et l'évêque de Munster; de sorte, que dans l'espace de deux ans. *Louis XIV* se trouva seul avec le roi de Suède, contre presque toute l'Europe.

Congrès indiqué à Nimègue. Cette situation lui fit prêter l'oreille à des propositions de paix, qui s'interrompirent et se renouèrent selon le succès et les revers des armées, jusqu'à la fin de 1674. Alors, *Louis XIV*, qui, malgré son isolement, avoit eu de grands avantages, profita de la bonne volonté du roi d'Angleterre qui, ne pouvant plus le servir par ses armes, offrit sa médiation. Le pape proposa aussi la sienne au roi d'Espagne, et on indiqua par accord de toutes les parties belligérantes, un congrès qui se tiendroit incessamment à Nimègue, capitale de la Gueldre hollandaise.

Départ des plénipotentiaires. Le roi de France nomma, le 17 février 1675, ses plénipotentiaires, au nombre de trois. Ils ne partirent qu'en janvier 1676, et mesurant leur marche sur celle des alliés, ils n'arrivèrent à Nimègue qu'en juin, encore n'y trouvèrent-ils que deux députés des états-généraux, et un membre de la médiation d'Angleterre. Elle eut pour chef le chevalier *Temple*, dont l'inimitié pour la France étoit connue ; mais *Charles II*, tout porté qu'il étoit pour *Louis XIV*, n'avoit pu se dispenser de le nommer, par égard pour le désir très-manifesté de son parlement. Les plénipotentiaires de l'Empereur et de l'Espagne, chacun aussi au nombre de trois, ne se pressèrent pas davantage. La cause de cette lenteur étoit l'espérance que ces deux puissances nourrissoient, qu'il arriveroit dans le sort des armes quelques changemens dont elles pourroient profiter.

Mais les plus fréquens, les plus longs, les plus forts obstacles étoient imaginés et suscités par *Guillaume*, prince d'Orange. Il voyoit dans la continuation de la guerre, l'affermissement de la puissance stathoudérienne, que cette même guerre venoit de lui procurer. *Louis XIV* pressentant ces motifs, recommanda dans ses instructions à ses

Intérêts prince G(uil)laume, s(ta)thouder.

plénipotentiaires, comme chose de première et absolue nécessité d'employer tous leurs efforts, caresses, flatteries, espérances, pour le gagner.

Mais le sombre *Guillaume* ne se laissa pas prendre à ces amorces. *Louis XIV*, dit-on, avoit frappé sa fierté à l'endroit sensible, en lui faisant proposer par forme d'insinuation, d'épouser une de ses bâtardes. Jamais le Stathouder ne pardonna ce projet au roi de France, dont la gloire d'ailleurs, blessoit ses yeux jaloux. A la vérité, il eut raison de rejeter cette alliance, puisqu'il sut s'en procurer une plus honorable, en recevant la main de la princesse *Marie*, nièce de *Charles II*, et fille du duc *d'Yorck*, qui devint roi d'Angleterre, sous le nom de *Jacques II*, mariage bien funeste pour ce monarque, ainsi qu'à *Louis XIV*, qui, sitôt qu'il fut conclu, en ressentit les fâcheux effets. Le nouvel époux détacha *Charles II* des intérêts de la France. Il l'obligea de se prêter, contre son inclination, à un traité d'alliance avec la Hollande. On le signa à Londres, le 10 janvier 1678, et contenoit un plan de paix bien opposé aux intentions de *Louis XIV*, et devoit lui être proposé avec l'alternative d'un plan de guerre, s'il ne s'y soumettoit.

Pendant ce tems, les négociations étoient en pleine activité à Nimègue : les conférences y commencèrent le 3 mars 1677. Les premières demandes des plénipotentiaires français eurent tantôt un ton de hauteur, tantôt un ton de modestie, selon les égards qu'on croyoit devoir aux puissances traitantes. *Nous ne désirons*, disoient-ils à l'Empereur : *que la religieuse observation de la paix de Westphalie, et nous sommes prêts à poser les armes, en remettant les choses dans l'état où elles étoient alors.*

Aux plénipotentiaires espagnols : comme notre roi s'est vu attaqué par

<small>Négociations de Nimègue, propositions à l'empereur.

A l'Espag</small>

le vôtre, contre toute justice, et contre la loi du traité d'Aix-la-Chapelle, il croit pouvoir prétendre avec raison que toutes choses demeurent à l'égard de votre couronne, en l'état auquel le droit des armes les a mises, sans préjudice d'autres droits, qui seront toujours réservés.

Au Danemarck.

On disoit aux Danois : *le roi de France n'a fait la guerre au vôtre, que parce qu'il a attaqué celui de Suède, au préjudice du traité conclu entre eux à Copenhague, en 1660, dont la France étoit garante. Que les deux rois s'accommodent selon la teneur du traité de Copenhague et de Westphalie, et la France cessera toute hostilité.*

A la Hollande.

Quant à la Hollande, ce n'étoient plus les propositions exagérées et insultantes de 1772, savoir : la cession du Brabant hollandais, vingt-quatre millions, des gênes pour la navigation, la pêche et le commerce ; une soumission annuelle témoignée par une médaille et par un tribut de quelques vaisseaux de guerre. On gardoit actuellement le silence sur toutes ces prétentions, comme si elles n'eussent jamais existé, et la France ne demandoit pour prix de toutes ses conquêtes que de conserver Mastricht.

Prétentions des alliés.

Cette modération ne se montra pas d'abord toute entière ; mais elle se développa à mesure que *Louis XIV* affoibli même par ses victoires, sentoit le besoin d'une paix plus ou moins prompte. Son but principal étoit de détacher la république de ses alliés. Ceux-ci, persuadés que les états-généraux ne se départiroient jamais sans leur consentement, d'une ligue formée pour les sauver, se tinrent renfermés pendant toute la négociation, dans le premier refus qu'ils avoient fait d'acquiescer aux demandes des Français, et dans la résolution de se faire accorder à eux-mêmes ce qu'ils prétendoient.

Savoir, l'empereur et l'Empire, que la France leur restituât même ce qu'ils avoient cédé par la paix de Westphalie, et les indemnisât des dommages qu'ils avoient soufferts. L'Espagne, qu'on lui rendit les places et provinces enlevées depuis 1665, avec les munitions et dédommagemens, quoique ces possessions eussent été définitivement attachées à la France, par la paix d'Aix-la-Chapelle, en 1668. Le Danemarck vouloit que la Suède abandonnât, non-seulement ses conquêtes actuelles, mais encore tout ce qu'elle avoit acquise par le traité de 1660, et que pour sûreté de ces restitutions, le Danemarck put mettre garnison dans des villes de la frontière Suédoise, qui lui serviroient de nantissement.

Beaucoup d'autres princes, tels que le margrave de Brandebourg, allié aux états-généraux, le duc de Lorraine attaché à la maison impériale, l'évêque de Strasbourg, les ducs de Holstein, de Brunswick, de Hambourg entraînés dans la guerre de l'un ou de l'autre côté signifièrent aussi des prétentions. Les unes, comme plus importantes, furent admises dans les discutions solennelles; les autres regardées comme moins intéressantes, furent reléguées dans des conférences particulières.

Ces éclaircissemens ou altercations, durèrent une année, pendant laquelle il n'y eut de négociation vraiment sincère, qu'entre les Français et les Hollandais, sur-tout, depuis le traité de Londres, en janvier 1678. *Louis XIV* qui en avoit connoissance, appréhendoit, s'il attendoit qu'on le lui signifiât, d'être forcé à une paix désavantageuse, ou à la continuation d'une guerre qui commençoit à lui être fort à charge. Les états-généraux de leur côté, considéroient que par les stipulations pécuniaires de ce traité de Londres, le principal poids de la guerre alloit tomber sur eux. Ils envisageoient de plus, avec une crainte bien fondée, la puissance que le mariage du Stathouder avec la princesse anglaise,

Le fort de la négociation est entre les Français et les Hollandais

alloit lui donner dans la république, sur-tout si la guerre duroit. Les plénipotentiaires français ne manquoient pas de renforcer ces alarmes, et leur accordoient en même tems tout ce qu'ils pouvoient désirer, même pour la maison d'Orange, dont les biens qu'elle possédoit en France avoient été confisqués. On promit de les restituer.

<small>Dissimulation concertée entre eux.</small>

Mais tout cela se concertoit dans des comités secrets. Publiquement les Français soutenoient leurs prétentions hautaines à l'égard des Hollandais, d'accord avec eux, et par un égal intérêt. Car si on avoit eu connoissance de leur bonne intelligence, les alliés des deux côtés se seroient empressés de susciter des obstacles à leur bonne intelligence, dans la crainte, les Suédois d'être abandonnés par les Français, et les coalisés de Londres, de l'être par les Hollandais; au lieu que voyant toujours exiger par les Français, des choses que les Hollandais ne devoient jamais accorder, ils se tenoient tranquilles, persuadés que l'obstination réciproque des principales parties, causeroit la rupture du congrès. Pour s'en assurer davantage, et de peur qu'à la longue elles ne vinssent à s'accommoder, ils firent fixer un terme assez court, après lequel la guerre seroit continuée, si la paix n'étoit pas signée. Et ce terme fatal étoit le 10 août 1678.

Dès le premier de ce mois, les Français et les Hollandais se trouvoient absolument d'accord : mais il étoit à craindre que pendant les dix jours qui restoient jusqu'à celui fixé pour la signature, les Impériaux et les Espagnols, les médiateurs anglais eux-mêmes, tous dévoués au prince d'Orange, ennemi connu de la paix, n'élevassent des difficultés qu'on ne pourroit surmonter à tems. Pour prévenir les efforts des mal-intentionnés, les Français imaginent de présenter eux-mêmes des obstacles qu'ils seroient maîtres de faire disparoître, quand il leur conviendroit.

Adresse des Français.

Leurs demandes imprévues.

Ce même 1ᵉʳ. août 1678 après avoir ratifié avec les Hollandais toutes leurs conventions, les plénipotentiaires français déclarent qu'il leur reste encore deux conditions, dont ils ne pourront jamais se départir : la première, que leurs hautes puissances feront faire actuellement par le Danemarck à la Suéde, des restitutions sur lesquelles celles-ci avoit paru se relâcher. La seconde que la République enverra une ambassade solennelle au roi de France, qui étoit à Gand, pour lui faire compliment sur la paix.

Surprise des Hollandais.

Les plénipotentiaires hollandais qui croyoient tout fini, sont frappés d'étonnement. Ils répondent qu'après être tombés d'accord sur ce qui les regardoit personnellement, ils ne se sont pas attendus à se voir arrêtés par des intérêts étrangers, qu'on pourra concilier dans le suite. Quant au voyage de Gand, ils déclarent qu'ils le regardent comme un hommage humiliant, auquel ils ne se prêteront jamais.

Les alliés, informés de cet incident, ne manquent pas de fortifier cette répugnance. Les Français insistent, montrent beaucoup de mécontentement de ce qu'on s'obstine dans un refus qu'ils qualifient à la fin d'injurieux. Les Hollandais continuent à se montrer très-irrités d'une demande faite, disent-ils, pour les avilir, et les alliés triomphent de la rupture qui va arriver sans aucun effort de leur part, et regardent avec satisfaction une lutte qui assure le succès de leurs intentions hostiles.

Joie des alliés.

Dans les pour-parlers auxquels cette étrange demande donne lieu, les Français ont grand soin de se faire assurer par les Hollandais qu'il n'y a que ces deux points qui les arrêtent, qu'ils sont parfaitement d'accord sur tout le reste, et que si on veut lever cet obstacle, ils ne différeront pas d'une minute à signer la paix.

Précaution prudente des Français.

Cependant, tous les jours, depuis le premier août se passent en agitations, en démarches de conciliateurs empressés, qui se fatiguent à inventer des expédiens, et portent de l'un à l'autre des propositions; mais toujours même obstination de chaque côté. Le 9 août, rien ne s'arrange, même opiniâtreté, plus d'espérance de paix, on ne songe qu'à se séparer. Les ordres se donnent pour le départ. Demain se disent les alliés de Londres, en se félicitant, le fatal traité sera signifié à l'orgueilleux *Louis XIV*; demain se disent tristement les hommes de cette assemblée, sensibles aux maux de l'humanité, demain seront continuées pour long-tems toutes les horreurs de la guerre.

Le 10, vers neuf heures du matin, les plénipotentiaires français se rendent en grand cortége chez les Hollandais. On croyoit qu'ils alloient faire leurs adieux. Après les premiers complimens, quelques plaintes sur leur persévérance à ne pas vouloir accorder le peu qu'on leur demande, *vous ne tenez donc*

[marginal notes: comme rompue. / Elle est signée.]

qu'à cela, ajoutent-ils, *et cet obstacle levé, signerez-vous la paix sans hésiter ? Oui*, répondent fermement les Hollandais. *Eh bien !* reprennent gaiement les Français, *n'en parlons plus, et signons*.

Aussitôt la joie se répand dans l'hôtel et de-là dans toute la ville. On ordonne de mettre les traités au net. Les secrétaires se mettent avec ardeur à l'ouvrage. Pendant ce travail, les plénipotentiaires français, ou par égard pour la médiation de l'Angleterre, ou pour jouir de l'embarras du chevalier *Temple* qui en étoit le chef, vont lui proposer de signer le traité chez lui. Il se dit incommodé, les reçoit en malade, les remercie de l'honneur qu'ils lui font, et les prie de l'exempter de cette fatigue. Ils retournent chez les Hollandais, pressent les copistes. Ceux-ci font tant de diligence, que les traités se trouvent prêts avant le 10 août terminé. Ils furent signés entre onze heures et minuit, à l'hôtel de France, où les Hollandais s'étoient rendus.

Mécontentement du prince d'Orange et ses suites.

Le prince d'Orange prit sa part du mécontentement des alliés. Il étoit alors près de Mons, et se proposoit de faire lever le blocus que le maréchal de Luxembourg avoit mis devant cette ville. Si peu éloigné de Nimègue, il ne se pouvoit qu'il ignorât le 14 août que la paix avoit été signée le 10, mais il fit semblant de n'en être pas instruit, et attaqua le maréchal. Il comptoit le battre en le surprenant; mais il fut battu lui-même, et il ne lui resta que le remords, si un vindicatif en est susceptible, et la honte d'avoir sacrifié inutilement à son dépit, la vie de plusieurs mille hommes, qui restèrent sur le champ de bataille.

Conditions des traités.

Il y eut deux traités signés à Nimègue avec les Hollandais. Par le premier, intitulé de *paix et d'alliance*, la république fut remise dans l'état où elle étoit avant la guerre. On lui rendit Mastricht, deux comtés et quelques villages, les seules possessions qui restoient à *Louis XIV* de toutes les conquêtes qu'il avoit faites si rapidement en prenant les armes. Il donna au prince d'Orange, main-levée de la saisie des biens qu'il avoit en France.

Le second intitulé : *de commerce, navigation et de marine*, devoit durer ving-cinq ans. Il établit article X, entre les deux nations, la cessation du droit d'aubaine. Permet article XIII, *aux habitans de France et des Provinces-Unies, de naviguer avec leurs vaisseaux et trafiquer avec leurs marchandises, sans distinction de qui puissent être les propriétaires : d'aller de leurs ports et aussi des ports des autres états ou princes, vers les places de ceux qui sont déjà ennemis déclarés, tant de la France que des Provinces-Unies, ou de l'un des deux, ou qui peuvent le devenir.* On excepte cependant, article XVI, *les villes et places assiégées, bloquées ou investies.*

Ces deux articles étoient infiniment avantageux aux Hollandais. Le premier qui les exemptoit du droit *d'aubaine*, parce que le commerce attirant en France beaucoup plus de riches hollandais, qu'il n'attiroit de riches français en Hollande, l'exemption du droit *d'aubaine* étoit plus utile aux premiers qu'aux derniers. En second lieu, par raison du genre du commerce des Hollandais, qui consiste plus en marchandises du cru des autres que du leur, il leur étoit infiniment intéressant de s'ouvrir et entretenir un débouché assuré même chez les ennemis de leur allié, *sans distinction de qui puissent être les propriétaires des marchandises*, ainsi que porte l'article XIII.

Au reste, ce traité de commerce composé de XXXVIII articles, peut-être regardé comme un code maritime, et mérite par sa précision, sa prévoyance et son exactitude, d'être mis à côté des réglemens des Rhodiens, qui ont servi de loix aux navigateurs jusqu'au tems des Romains, qui les ont adoptés.

Les plénipotentiaires Hollandais débarrassés de soins par eux-mêmes, s'appliquèrent à concilier les puissances belligérantes, et firent à leur égard l'office de médiateurs, sans en avoir le titre. Les Espagnols qui étoient les plus exposés dans les Pays-Bas, se hâtèrent de conclure leur paix : elle fut signée, le 17 septembre. Il y eut des restitutions réciproques. Le roi de France rendit à l'Espagne quelques pays et villes que celle-ci lui avoit cédées par la paix d'Aix-la-Chapelle 1). Le roi d'Espagne abandonna à la France la Franche-Comté avec plusieurs villes des Pays-Bas espagnols 2).

<small>Traité avec l'Espagne.</small>

1) Charleroy, Binch, Oudenarde, Courtray, le duché de Limbourg, le pays d'Entre-Meuse, le fort de Rodenhen, le pays de Waër, la ville de Leure, St-Ghilain et Puicerda, en Catalogne.

2) Valenciennes, Bouchain, Condé, Cambray et le Cambresis, Aire, S-Omer, Ypres, Warwick, Warneton, Poperingue, Bayeul, Cassel, Bavay, Maubeuge.

Clauses des cessions.

L'étendue et la plénitude sans réserve de l'abandon des Espagnols, sont ainsi exprimées dans l'article XII. Ces villes et provinces sont cédées à la France *avec leurs bailliages, châtelleries, gouvernances, prévôtés et territoires, domaines, seigneuries, appartenannances, dépendances et annexes, de quelque noms qu'elles puissent être appellées, avec tous les hommes, vassaux, sujets, villes, bourgs, villages, hameaux, forêts, rivières, plat-pays, salines et autres choses quelconque qui en dépendent.* L'article XIV donne liberté aux contractans d'échanger entre eux parties des pays cédés, comme plus convenantes par l'enclave, le voisinage ou d'autres motifs : *bien entendu qu'on puisse convenir desdits échanges.* Enfin l'article XV, statue que deux mois après la ratification, il y aura une assemblée de commissaires pour *procéder auxdits échanges, régler les limites et liquider les dettes hypo-*

théquées sur les seigneuries cédées, restituées ou échangées, toutes ces clauses sont importantes pour juger la conduite de *Louis XIV*, dans l'affaire des réunions qui va suivre.

L'empereur ne conclut son traité que le 5 février 1679. Il ne s'y trouve de particulier pour la France, que l'échange de Philisbourg, dont *Louis XIV* s'étoit emparé pendant la guerre, et qu'il rend pour Fribourg que l'empereur lui cède. On ne put convenir sur Strasbourg, que le roi de France désiroit, et pour lequel il offrit des échanges qui ne furent pas acceptées. Le duc de Lorraine *Charles V*, qui s'étoit attaché à la maison d'Autriche, et qui espéroit de sa protection la restitution de ses états, n'obtint pas plus à Nimègue, que son oncle n'avoit obtenu aux Pyrénées. *Louis XIV* persista dans la résolution de morceler ses états, d'y marquer et occuper des chemins pour les traverser selon ses besoins, et d'y tenir des garnisons. Le prince aima

[marginale : Traité avec l'empereur.]

mieux s'en absenter pour toujours, que d'y régner à pareil prix.

<small>Sort des autres puissances.</small> Du reste, les trois puissances qui venoient de se réunir par des traités, s'engagèrent à ne donner aucun secours à celles que la nécessité des circonstances avoit entraînées dans la guerre ; de ne leur donner aucun secours si elles continuoient les hostilités. De cette condition fidèlement gardée, naquit à différentes intervales une série de traités 1), qui tous portoient en tête l'acquiesce-

1) Entre Brunswick, la France et la Suède, signé à Zel, le 5 février 1679.

Entre l'évêque de Munster et la France, à Nimègue, 29 mars 1779.

Entre l'électeur de Brandebourg, et la France et la Suède, à St-Germain-en-Laye, le 29 juin 1679.

Entre la France et le Danemarck, à Fontainebleau, le 2 septembre 1679.

Entre le Danemarck et la Suède, à Linden, le 26 septembre 1679.

Entre la Suède et la Hollande, le 12 octobre 1679.

ment aux traités de Munster et d'Osnabruck, implorés comme la plus ferme garantie des conditions nouvelles.

Ainsi finit une guerre entreprise, sans autre motif certain, que le ressentiment d'un orgueil blessé. Dirigée contre une seule puissance, elle devint générale, et dura six ans très-vive et très-sanglante. *Louis XIV* s'estima heureux de pouvoir traiter avec les Hollandais qu'il croyoit écraser en une campagne. Il les détacha de leurs alliés. Ceux-ci qui avoient porté en grande partie le fardeau de la guerre firent, comme on vient de voir, les frais de la paix, sans qu'il en coûtât rien aux Hollandais qui étoient au commencement les seuls menacés.

Réflexions sur cette guerre.

Dans les clauses et les expressions des traités, On prit toutes les précautions pour établir, *une amitié vraie et sincère* entre les contractans; cependant peu s'en fallut que cette *amitié de traités* ne fût bientôt rompue.

AFFAIRE DES RÉUNIONS.

Erection des chambres pour les réunions

Il avoit été statué par les traités de Nimègue, comme nous l'avons remarqué, que les cessions seroient accompagnées de toutes leurs *appartenances, dépendances et annexes, de quelque nom qu'elles pussent être appellées*, et qu'il seroit établi une commission *pour régler les limites et faire des échanges*.

Louis XIV ne reconnut l'engagement de s'en rapporter à une commission, que pour les *limites et échanges*; quant aux *appartenances, dépendances et annexes* des pays cédés, il crut pouvoir en juger lui-même. En conséquence, au commencement de 1680, il établit une chambre souveraine à Besançon et deux conseils aussi souverains l'un à Brissac, l'autre à Metz, chargés d'examiner quelles étoient ces *appartenances, dé-*

pendances et annexes, et de prononcer définitivement sur leur sort.

Le 22 mars et le 12 avril, ces cours souveraines donnèrent leurs premiers arrêts qui marquèrent les fiefs, territoires, ou domaines qui avoient de tout tems appartenus à une grande partie des cessions, et prononcèrent que ces annexes devoient être réunis à la couronne comme le principal. Le roi donna, le 24 juillet, un édit pour l'exécution de ces arrêts. Aussi-tôt ses troupes s'emparèrent des principautés et seigneuries déclarées annexes des pays cédés et ses officiers y exercerent toute espèce de juridiction.

Conférences de Courtray.

Les réclamations des souverains et des vassaux qui se croyoient lésés, furent vives et pressantes. Pour appaiser les premières clameurs, *Louis XIV* consentit à une espèce de congrès et à des conférences qui eurent lieu à Courtrai, en 1681; mais il n'en poursuivit pas moins ses réunions qui lui donnèrent pacifiquement, en moins de quatre ans, plus de pays qu'il n'en auroit obtenu par la guerre la plus heureuse.

<small>Prise de possession de Strasbourg et autres villes.</small> On doit mettre au nombre de ces conquêtes importantes la ville de Strasbourg. *Louvois* se présenta devant cette place à la tête de vingt mille hommes. Elle se rendit, le 30 septembre 1681, conservant par une capitulation des priviléges, qui lui assuroient un gouvernement municipal. Courtrai, Dixmude et la ville importante de Luxembourg subirent le même sort, en 1663 et 1664.

<small>Premières précautions prises contre les invasions.</small> Les Hollandais voyoient avec inquiétude ces invasions qui les avoisinoient. Ils firent, dès le 30 septembre 1681, une alliance avec la Suède, pour le maintien des traités de Westphalie et de Nimègue: l'Empereur et l'Espagne y accédèrent, les cercles de l'empire les plus menacés se liguèrent aussi; mais comment prendre une résolution vigoureuse contre la France, dont le monarque inspiroit autant de terreur que d'admiration.

C'est le tems où *Louis XIV* reçut le surnom de grand, non-seulement de ses sujets, mais encore des étrangers. Il avoit créé une marine qui fondoit des colonies, protégeoit le commerce, promenoit le pavillon Français sur toutes les mers et le faisoit respecter. Il creusoit des ports et des canaux, ouvroit des grands chemins et les rendoit solides. *Vauban* lui bâtissoit des forteresses, *Louvois* formoit ses armées, *Condé* et *Turenne* les menoient à la victoire, *Colbert* régloit les finances ; les sciences et les arts recevoient des dons et des bienfaits ; des loix sages portoient l'ordre et la subordination dans tous les états et professions. Enfin, la nation étoit orgueilleuse de son roi. Alger et Tunis, forcés de contenir leurs corsaires, demandoient grace : Gênes, envoyoit son doge s'humilier à Versailles : le pape laissoit élever dans Rome une pyramide qui attestoit une faute et sa soumission. Tout plioit sous le monarque dont les entreprises étoient encore aidées par les circonstances.

Grandeur de Louis XIV.

État de l'Empire.

L'empire bien uni auroit pu y opposer des obstacles; mais les liaisons entre ses co-états ne consistoient qu'en parole et en promesses; grande ardeur à prendre des engagemens, lenteur et inertie, quand il s'agissoit de lever des troupes et de l'argent. L'empereur étoit assez embarrassé à se défendre contre les Turcs qui menaçoient sa capitale. La foiblesse de l'Espagne ne lui permettoit pas de se mesurer seule avec la France, et les Hollandais fatigués par la dernière guerre, ne demandoient que repos et paix pour revivifier leur commerce.

Trève de Ratisbonne.

Ces circonstances firent préférer au sujet des réunions prononcées par les chambres souveraines l'expédient des négociations. La France non-seulement les agréoit, mais les offroit. On convint donc d'un congrès qui s'ouvrit d'abord à Francfort; il fut ensuite transféré à Ratisbonne. Pendant qu'il se tenoit, le comte *d'Avaux* conclut à la Haie, le 29 juin 1684, avec les Hollandais, un traité qui traça la marche de ceux de Ratisbonne. Il en fut signé deux en cette ville dans le mois d'août de cette année, l'un le 10, entre la France et l'Espagne, l'autre le 16, entre la France et l'Empire.

On n'y put conclure une paix définitive, mais on convint d'une trève de vingt ans, pendant laquelle *Louis XIV* garderoit Luxembourg, Strasbourg et toutes les réunions prononcées par ses chambres souveraines, depuis leur établissement jusqu'au premier août 1661. Les deux parties rappellent et confirment toujours dans ces traités ceux de Westphalie et de Nimègue 1).

1) Cette négociation dura quatre ans, tant à Francfort qu'à Ratisbonne, deux années dans chaque ville. Le détail de cette espèce de procès connu sous le nom de *diète de Ratisbonne*, est compris dans un manuscrit des relations extérieures, in-4°. de 394 pag. Tout y est rapporté jour par jour avec la plus grande exactitude. C'est tout le mérite de cet ouvrage.

LIGUE
D'AUSBOURG.

<small>Conjuration contre Louis XIV.</small> Il étoit resté à tous les princes que la hauteur de *Louis XIV* avoit choqués, que ses succès avoient aigris, un levain de jalousie et de haine qui fermenta entre eux et occasionna la fameuse ligue conclue à Ausbourg en 1686, et signée pendant le carnaval de 1687 à Venise, où plusieurs des princes intéressés se rendirent, comme à une partie de plaisir. Elle étoit entre l'Empereur, le roi d'Espagne, la république de Hollande, la Suède, l'électeur Palatin, la Bavière et le duc de Savoie. Le principal moteur de cette conjuration contre la France, celui qui en devoit tirer les plus grands avantages, étoit celui qui n'y paroissoit pas.

<small>Son auteur.</small> *Charles II*, roi d'Angleterre, mourut le 16 février 1687. Comme il ne laissoit pas d'enfans légitimes, sa couronne passa au duc d'*Yorck*, son frère, connu sous

le nom de *Jacques II. Guillaume Henri*, prince d'Orange, stathouder de Hollande, avoit, comme nous l'avons dit, épousé *Marie*, sa fille aînée. *Jacques*, en montant sur le trône, donna des preuves publiques d'attachement à la religion catholique, qui déplurent à la plus grande partie de la nation. *Charles II* avoit laissé un fils naturel qu'il nomma duc de *Montmouth*. Ce jeune prince voyant l'aliénation d'une grande partie des anglais à l'égard de son oncle, crut pouvoir en profiter pour monter sur le trône. Il arma, combattit, fut pris et décapité. La rigueur de *Jacques* à l'égard de son neveu et de ses partisans, lui suscita beaucoup d'ennemis. Les conjurations se multiplièrent. La conduite maladroite du beau-père de *Guillaume*, n'échappa pas à l'œil attentif du gendre et lui fit concevoir le projet de se mettre à sa place. Le principal obstacle qu'il entrevoyoit pour l'exécution, étoit la protection de *Louis XIV*, ami de

Jacques. Guillaume résolut d'occuper le monarque sur le continent, de manière qu'il ne put songer aux affaires d'Angleterre, ou du moins y faire de grands efforts. Telle a été la cause secrète de la ligue d'Ausbourg.

_{Moyens qu'il emploie.}

Le stathouder y réunit les confédérés de la dernière guerre : d'abord par un intérêt commun qui devoit les toucher tous ; savoir, l'imputation déjà sourdement avancée contre *Louis XIV*, mais répandue alors avec la plus grande publicité, qu'il ambitionnoit la *monarchie universelle* ; ensuite *Guillaume* s'appliqua a fournir à chacun des intéressés une crainte et des appas.

A l'électeur Palatin, l'appréhension de voir ses Etats morcelés conformément aux prétentions que le mariage de la sœur du dernier électeur, avec le duc d'Orléans, frère de *Louis XIV*, lui donnoit sur quelques parties de la succession palatine : A l'électeur de Bavière, on inspira la crainte de ne pas réussir à placer son frère sur le siège de Cologne, étant traversé par le roi de France, qui vouloit y élever le prince de Frustemberg. Les ducs de Brunswick et de Hanôvre, et tous les petits princes du Rhin eurent chacun leurs alarmes. L'empereur eut pour amorce un article secret, qui portoit qu'arrivant la mort du roi d'Espagne, sa succession seroit assurée à la maison d'Autriche, à l'exclusion de celle de Bourbon, et on faisoit une part de cette monarchie au duc de Savoie, comme représentant de *Catherine*, fille de *Philippe II*, roi d'Espagne, sa grand-mère.

Louis XIV auroit peut-être pu rendre ces projets inutiles et tromper la maligne adresse de *Guillaume*, en se tenant sur une défensive respectable, qui auroit fort embarrassé l'ambitieux Stathouder. Aucun des confédérés n'auroit osé porter le premier coup : mais agacé pour ainsi dire par de petites attaques, par le refus de l'évêché de Cologne et même

<small>Louis XIV s'irrite et attaque la ligue.</small>

par la captivité du prince de Frustemberg, son protégé, que l'empereur fit enlever, piqué des réclamations un peu audacieuses de l'électeur Palatin, le monarque prend feu, entre en Allemagne à la fin de 1688, saccage le Palatinat, soulève par là contre lui tout le corps germanique, et fait des conquêtes qui ne devoient pas lui rester ; pendant que *Guillaume* aborde en Angleterre, le 15 novembre, s'établit sur le trône de son beau-père, qu'il laisse fuir pour ne pas se rendre coupable d'un plus grand crime.

<small>Avantages et échecs de la France.</small> Les armes des Français furent presque toujours victorieuses sur le continent. Ils réduisirent sous leur obéissance toutes les villes du Rhin depuis Philisbourg jusqu'au delà de Mayence, firent des conquêtes en Catalogne et dans les Pays Bas, et s'emparèrent d'une grande partie des États du duc de Parme. Leurs flottes soutinrent sur l'Océan et la Méditerranée l'honneur du pavillon fran-

çais, jusqu'à ce que la jonction des Anglais aux Hollandais dédommagea sur mer les alliés des désavantages qu'ils éprouvoient sur terre.

PAIX DE RISWICK,
EN 1698.

Négociations antérieures à la paix de Riswick.
Première tentée en Suède.

Les hostilités provoquées par la ligue d'Ausbourg, avoient commencé à la fin de 1688. Vers le milieu de 1690, *Charles XI*, roi de Suède, fit à toutes les parties des propositions de paix, et s'offrit pour médiateur. *Louis XIV* l'accepta. Les alliés ne le refusèrent pas absolument, de sorte qu'il entama des rapprochemens et continua ses bons offices; mais inutilement 1). Cependant, à force

---

1) Sur ces négociations qui ont précédé la paix de Riswick, et sur la paix de Riswick elle-même, nous avons consulté principalement, 1° *Les actes et mémoires des négociations de la paix de Riswick* à la Haie, chez Adrian Mochjens, 1699, 4 vol. in-12, donnés par *Dumont*, éditeur de plusieurs collections semblables. Selon sa méthode, il n'a omis aucune pièce ministérielle.

2°. *Histoire de la négociation pour la*

de persévérance, il obtint en 1693 qu'on entrât en explications. Le roi de France chargea le *comte d'Avaux*, son ambassadeur à Stockolm, de suivre la négociation. Elle n'avança pas. Les parties belligérantes n'étoient pas encore assez lasses.

Une autre négociation tentée en Suisse par l'entremise du comte de *Vélo*, venitien, continuée par *M. de Crecy* et par l'abbé *Morel*, envoyés de France, auxquels se joignit le sieur de *Seyler*, commissaire de l'Empire à la diète de Ratisbonne, n'eut pas un succès bien marqué. Cependant on commença à s'y

Deuxième tentée en Suisse.

paix conclue à Riswick, en 1697, finie le 27 décembre 1781, *par M. le Dran*, premier commis des affaires étrangères. Manuscrit in-fol. de 393 pages, la plupart redoublées. C'est l'original raturé, plein de renvois, d'un usage très-difficile. La copie s'est perdue. Bon ouvrage, qui lie très-bien les preuves aux faits. Mais il n'y faut chercher ni réflexions, ni style.

expliquer sur la succession éventuelle d'Espagne, sur l'invasion de l'Angleterre, sur les réunions à conserver ou restituer et autres articles importans, entre autres sur le sort de la Lorraine : ce qui étoit déjà un acheminement vers la paix.

<small>Troisième tentée à Liége.</small> Les Hollandais, instruits de ces avances, tâchèrent d'attirer à eux la négociation. Ils firent savoir au roi qu'ils entreroient volontiers en pour-parlers, s'il vouloit faire passer un agent à Liége. *Louis XIV* y dépêcha en octobre 1694, les sieurs de *Collières* et *Harlay, comte de Celi.* Leurs hautes-puissances en firent aussi passer un. Mais rien ne réussit.

<small>Quatrième tentée à Utrecht.</small> Les Hollandais demandèrent d'autres conférences et en assignèrent le lieu à Utrecht. Le roi y envoya encore le sieur de *Collières* en juin 1695. On y convint en six articles principaux, de conditions presque les mêmes qui ont ensuite constitué la paix de Riswick : de sorte qu'elle auroit pu dès lors être conclue. Mais ces

mouvemens n'aboutirent qu'à faire accepter publiquement par toutes les parties, le roi de Suède pour médiateur au commencement de 1696.

Dans ce tems parut un ouvrage, dont on ne garantit pas l'authenticité 1), mais qu'on peut regarder comme un tableau fidèle de la politique de la maison d'Autriche, telle qu'elle étoit connue à la fin du dix-septième siècle et telle qu'elle s'est montrée jusqu'à l'accomplissement de ses projets.

1) *Testament politique de Charles, duc de Lorraine et de Bar*, petit in-12 de 113 pages, non compris la préface qui en a 19, imprimé à Leipsic, en 1696.

Ce prince est Charles V, qui succéda en 1675, à son oncle *Charles IV*, dans ses états, ou plutôt dans l'espérance de les recouvrer. Ce fut un grand général, très-attaché à la maison d'Autriche. L'empereur *Léopold*, lui fit épouser sa sœur *Eléonore Marie*, douairière de Pologne. Il mourut en 1690.

Ce testament est donné par l'éditeur, comme enlevé furtivement du cabinet de

L'auteur qui écrivoit lorsque la révolution d'Angleterre, arrivée en 1688, s'accomplissoit, veut que la maison d'Autriche profite de cet événement, auquel on intéressera la Hollande, pour *attirer de ce côté les principales forces de la France et en disposer mieux ses affaires en Italie.* C'est sur cette partie qu'il veut que l'empereur dirige toute son attention, sans se soucier de défendre efficacement les princes du Rhin, contre lesquels on aura provoqué les armes de la France. *Leur affoiblissement devant toujours concourir à la*

l'empereur *Léopold*, où le testateur l'avoit déposé Bien des gens l'ont cru supposé, et en effet les moyens que l'éditeur dit avoir employés pour cette espèce de larcin, paroissent assez romanesques, et peuvent faire douter de l'authenticité de cette pièce. Mais de quelque main qu'elle vienne, c'est toujours la production d'un homme instruit, et un ouvrage propre à faire connoître ce qu'étoit ou ce qu'on croyoit être la politique du cabinet autrichien, à la fin du siècle dernier.

grandeur de la maison d'Autriche, qui se rendra par là souveraine dans l'Empire, et se servira des Allemands pour asservir l'Italie. Il faudra aussi toujours entretenir la *ferveur* des Anglais et Hollandais contre la France, afin qu'elle ne soit pas en état d'amener des secours aux *complaignans d'Italie*.

Ces *complaignans* sont tous les petits princes et républiques que *la famille* subjuguera les uns après les autres. Pour cela, on *engourdira* les Suisses. Quand on sera parvenu aux Venitiens, ayant réduit leur voisinage, qui auroit pu leur donner des secours, il sera aisé de *leur enlever les Etats de Terre-Ferme, de les réduire à leurs lagunes et à devenir tout au plus une république comme Dantzick ou comme Genève*. Ainsi *la famille* se rendra maîtresse du commerce du Levant par la mer Adriatique, et des forêts de Stirie, de Carentie, de Carniole, d'Istrie, où les Vénitiens coupent les bois de leur marine, et d'où les Français en tirent aussi beaucoup pour leurs constructions.

Le testateur n'oublie pas de tracer un vaste plan de commerce avec l'Angleterre, la Hollande, la Suède, le Danemarck, l'Espagne et le Portugal, dont l'Italie seroit le centre, avec des banques qu'il place à Prague, à Vienne, à Trieste et à Gratz. Dans tous ces arrangemens, il n'est pas question de la France, qu'on semble exclure, puisqu'on n'en parle pas. Cependant, à l'article des forces militaires de la *famille*, le duc de Lorraine ou son prête-nom veut bien *qu'on admette des officiers et soldats français, comme une nation intelligente et belliqueuse, de laquelle néanmoins il ne faut se servir, que comme la médecine emploie les poisons.*

Enfin, l'auteur de cet écrit recommande expressément, comme chose très-importante, *quand un homme sera admis dans le conseil de la famille, aussi-tôt après son serment, de lui communiquer ce testament politique, afin que le prince trouve toujours des conseillers remplis de ces principes et versés dans la connoissance de ses intérêts.*

Le *testament du duc Charles* est peut-être une ruse politique imaginé pour jeter dans le public des idées défavorables à la maison d'Autriche, en développant ses projets ambitieux au moment où on traitoit avec elle. Mais on a cru devoir en donner une idée, parce que c'est une clef qui ouvre au lecteur attentif le secret du cabinet autrichien dans ses guerres et négociations postérieures 1).

Celle qui s'entamoit sous la médiation du roi de Suède, inquiéta le duc de Savoie. Il se détermina à prendre l'avance,

Traité de Turin et Valence

---

1) On croiroit que le traité de Campo-Formio qui a soumis Venise à l'empereur, et qui lui a donné une si grande prépondérance en Italie, a été calquée par l'empereur sur ce testament de *Charles V.*

pour se procurer une paix plus avantageuse. En effet, à l'aide du mariage de la princesse *Adelaide*, sa fille aînée, avec le duc de *Bourgogne*, fils aîné du dauphin de France, il obtint par un traité signé à Turin le 29 août 1696, des conditions au-dessus de celles qu'il avoit droit d'attendre. Ce traité conduisit à un autre pour la neutralité de l'Italie, qui fut signé au camp devant Valence, que *M. de Catinat* assiégeoit sous le duc de *Savoie*, devenu, par le traité de Turin, généralissime des troupes françaises, qu'il combattoit deux mois auparavant. Le comte de *Tessé*, qui fut l'instrument de ces deux traités, donna avis du dernier à *Louis XIV* le 9 octobre de cette même année 1696 [1]).

[1]) L'histoire de ces deux traités est renfermée dans un vol. in-4. manuscrit du dépôt des relations extérieures, de 407 pages, par M. *le Dran*. C'est un de ses meilleurs ouvrages. Il a inséré très-adroitement dans la narration les dépêches et autres pièces originales.

L'essentiel du traité de Turin consiste en deux articles : 1°. la restitution de tout ce que le roi avoit pris au duc de Savoie, entre autres Nice, Suze, Montmélian. 2°. La cession de Pignerol, que la France possédoit depuis le traité de Quierasque ; mais cette cession faite à condition que le château et les fortifications de la ville seroient rasées, et qu'elle ne pourroit plus être entourée que d'une simple muraille non terrassée.

Cette espèce de défection d'un des alliés, fit craindre aux autres que chacun

<small>Préliminaires de paix.</small>

On lit à la marge de la page 208, cette note d'une autre main que celle du copiste de M. *le Dran. On voit sur la négociation de cette paix, dans l'Essai de Voltaire sur l'Histoire générale, tome 8, page 2, ce qui suit :* « On fut bientôt d'accord. Le duc et Catinat conclurent le traité à Notre-Dame-de Lorrete, où ils allèrent sous prétexte d'un pélerinage de dévotion ». *Le sieur Arrouet de Voltaire a pris cette anecdote dans son imagination, comme une infinité d'autres traits de son Essai sur l'histoire universelle.*

d'eux, pour être mieux traité, recourut à une paix particulière, ce qui leur fit prendre le parti d'accepter le 10 février 1697, des articles préliminaires présentés par le sieur de *Collières* au sieur *Lillieroot*, ambassadeur du roi de Suède, médiateur.

Ils étoient dressés de manière que chacun y trouvoit à-peu-près ses avantages. On prenoit pour base les traités de Munster et de Nimègue. L'Alsace et le Suntgan étoient de nouveau assurés à la France; ainsi que les trois évêchés, la Franche-Comté et beaucoup de places dans les Pays-Bas. L'empereur retenoit Fribourg et Philisbourg, et un droit de révision sur les réunions prononcées par les chambres de Metz, Brissac et Besançon. Strasbourg devoit être réintégré à l'Empire, à moins qu'on n'acceptat des équivalens. Entre ceux-ci, la France indiquoit la Lorraine, qui seroit rendue au duc, dégagée des servitudes apposées dans les traités des Pyrénées et de Nimègue. Les demandes du duc Palatin, du duc de Bavière, des électeurs ecclésiastiques et de l'évêque de Liége, furent éclaircies et mises en état d'être bientôt décidées. Enfin, *Louis XIV* faisoit entendre qu'il ne s'éloigneroit pas de renoncer pour lui et ses successeurs à la monarchie d'Espagne, pourvu qu'on en détacha quelques parties à sa bienséance, et il promettoit formellement, en signant la paix, de reconnoître le prince d'Orange, roi d'Angleterre. Les prétentions de la Hollande étoient aussi réglées. On la satisfaisoit par quelques avantages pour son commerce.

Qui n'auroit cru que des préliminaires si étendus ne dussent être tout de suite convertis en un traité définitif? On étoit convenu pour le congrès du château de Riswick, en Hollande. Les plénipotentiaires de France y arrivèrent en mars 1697; mais les conférences ne s'ouvrirent que le 9 mai. *Congrès de Riswick.*

Ils proposèrent de traiter sur le pied des *Chicanes.*

préliminaires ; tous y consentirent, mais ce consentement spontané couvroit une difficulté à laquelle les Français ne s'attendoient pas. Dans ces préliminaires, outre les articles importans, on avoit inséré des réglemens de pure police, tels que le lieu du congrès, sa neutralité, le cérémonial entre les plénipotentiaires, et autres choses semblables. Les Impériaux prétendirent que par ce mot *préliminaire*, ce n'étoit que ces sortes de préparatifs qu'il falloit entendre. Plusieurs semaines suffirent à peine pour faire rejeter cette absurde prétention, dont le but secret étoit de ne pas prendre pour base le traité de Nimègue, qui, selon eux, arrondissoit trop la France du côté de la Meuse et du Rhin.

Quand ils eurent enfin abandonné cette chicane, ils recoururent à une autre : ce fut de présenter une liste immense des lieux réunis qu'ils revendiquoient. Ils n'y avoient pas omis un village, pas un hameau, une ferme, un moulin, une haie, de sorte qu'il auroit fallu des mois seulement pour se mettre dans la tête cette longue nomenclature, cependant ils vouloient qu'on commença par la discuter en détail.

Les plénipotentiaires français la rejetèrent d'abord avec indignation, comme une pièce dilatoire, faite seulement pour allonger les conférences. Néanmoins, à la prière du médiateur, ils consentirent à la fin à s'engager dans ce labyrinthe. *Louis XIV*, qui vouloit une paix prompte, les blâma de leur complaisance et exigea que les agens des alliés se contentassent pour le présent d'une simple ligne de démarcation provisoire, sauf à revenir après la paix à la révision de cette liste par des commissaires; ce qui fut accordé.

Pendant ces pour-parlers, les hostilités continuoient et le sang couloit toujours. Les alliés demandèrent un armistice. *Louis XIV* le refusa, persuadé qu'ils ne le proposoient que comme des

Continuation des hostilités.

plaideurs désespérés, qui comptent encore, sans grande raison, sur le bénéfice du tems. Mais en rejetant l'armistice, le roi de France accordoit d'ailleurs tout ce qui pouvoit hâter la conclusion. C'est pour cela qu'il ajouta la restitution de Luxembourg aux compensations qu'il avoit déjà offertes pour les réunions.

<small>Difficultés qui se prolongent.</small>

Il désiroit vivement de conserver Strasbourg ; mais la restitution de la Lorraine dans son intégrité, telle qu'elle étoit proposée dans les préliminaires, même avec Luxembourg, ne paroissoit pas aux Impériaux et aux Espagnols, qui faisoient cause commune, un équivalent suffisant de leurs sacrifices.

<small>Levées tout à coup.</small>

Pendant qu'on débattoit ces articles, arriva la nouvelle que le duc de *Vendôme* avoit pris Barcelonne le 10 août. Il n'y eut plus à hésiter. Pour recouvrir cette capitale de la Catalogne, possession de la maison d'Autriche, elle abandonna volontiers Strasbourg, qui n'étoit qu'une possession de l'Empire. Quant aux autres objets de discussion, *Louis XIV*, qui avoit signifié à leur égard ses dernières intentions, déclara que si on ne tomboit d'accord pour le 20 septembre, il se réservoit le droit de proposer de nouvelles conditions, sans doute moins favorables.

Cette menace fit son effet, les Hollandais conclurent leur traité le 10 août, l'Espagne le 17 septembre, l'Angleterre aussi dans le courant de ce mois. L'empereur, chef du corps germanique, qui a toujours tant d'intérêts compliqués à démêler, demanda une surséance jusqu'au premier novembre; convint de quelques articles à ce terme, mais traîna la conclusion toute l'année 1698, et ne finit que le cinq février 1699.

Conclusion de la paix.

Ces quatre traités prennent comme à l'ordinaire pour base ceux de Westphalie, et on y rappelle celui de Nimègue. La convention avec les états-généraux, n'est qu'un traité de commerce très-avantageux aux Hollandais. Ils sont re-

Quatre traités.

Celui de la Hollande.

connus, comme dans celui de Nimègue, exempts du droit d'aubaine en France. Dans l'introduction de certaines marchandises, comme le tabac, qui commençoit à faire un gros objet de commerce, ils étoient plus favorisés que les Français eux-mêmes. *Louis XIV* eut beaucoup de peine à leur accorder ces priviléges, il n'y fut déterminé que par le désir de recouvrir *Pondichéri*, le chef-lieu de la compagnie des Indes, qu'il venoit d'établir quelques années auparavant. Les Hollandais rendirent cette ville dans l'état où elle se trouvoit, et obtinrent l'assurance de leurs priviléges pour vingt-cinq ans.

Celui de Espagne.

Le roi d'Espagne rentra dans une grande partie de ses domaines aux Pays-Bas, et dans toutes les possessions qui lui avoient été enlevées en Catalogne. Peut-être fut-il si bien traité, en considération de ce qu'il n'exigea pas de *Louis XIV* la renonciation à la monarchie d'Espagne, qui avoit été insinuée dans les préliminaires.

Le prince d'Orange, par son traité, *Celui d'Angleterre.* fut reconnu roi d'Angleterre sous le nom de *Guillaume III. Louis XIV* s'engagea à ne le jamais troubler dans la possession de ses royaumes. On se rendit de part et d'autre ce qui avoit été pris pendant la guerre, et on convint de nommer des commissaires pour régler les contestations au sujet de la baie d'*Hudson* et les limites des pays cédés ou restitués. On remarquera que c'est dans cette guerre que les Anglais et les Hollandais ont commencé à porter leurs hostilités contre la France au-delà de l'Europe.

L'empereur *Léopold*, dans son traité, *Celui de l'empereur.* s'occupa des intérêts des princes de l'Empire limitrophes du Rhin, peut-être plus que n'avoit fait aucun de ses prédécesseurs. Il avoit été entraîné dans la querelle par les plaintes portées devant les tribunaux au sujet des réunions à la couronne de France, opérées par *Louis XIV*. Il s'appliqua à satisfaire chaque partie avec toute l'équité possible.

La France s'obligea à rendre plusieurs des réunions faites hors de l'Alsace. L'électeur de Trèves rentra dans sa ville, le Palatin dans toutes ses terres et possessions. On convint d'arbitres pour régler les répétitions que la duchesse d'Orléans faisoit sur le Palatinat, et elles se réduisirent à de l'argent. Le roi de Suède, comme duc des Deux-Ponts, les maisons de Vildentz, Wirtemberg, Bade, Nassau, Linange et l'ordre teutonique recouvrèrent ce qu'ils avoient perdu. Strasbourg resta à la France, Kelh à l'Empire. Les petites villes et forts le long du Rhin, furent appliquées à la France et à l'Empire avec toute l'équité qu'on put mettre dans le partage. On décréta la liberté de la navigation du fleuve, de manière qu'il ne fut permis ni de détourner ses eaux, ni de les embarrasser, ni d'y établir de nouveaux péages, ni d'augmenter les anciens. Enfin, les intéressés à obtenir le bénéfice de la paix, ne perdirent rien au retard, et le traité de l'Empire conclu à Nimègue avec la France, peut être regardé comme un modèle pour les grandes puissances que le sort des armes rend les arbitres du sort des autres.

Il existe entre la fin du dix-septième siècle et la fin du dix-huitième, un rapport qu'on ne peut s'empêcher de faire remarquer. Depuis seize cent et dix-sept cent quatre-vingt-onze, jusqu'à seize cent et dix-sept cent quatre-vingt-dix-sept, toute l'Europe a été en feu. L'incendie a commencé dans le dix-septième siècle par la ligue d'*Ausbourg*, et dans le dix-huitième par la coalition de *Pilnitz*. Toutes deux sont dirigées contre la France; imaginées la première par un prince devenu roi d'Angleterre, et la seconde par le cabinet britannique.

Parallèle entre la fin du dix-septième et dix-huitième siècles.

Dans l'un et l'autre siècle, les Français n'ont pas attendu le développement des deux ligues pour déclarer la guerre. Ils ont effrayé l'Espagne, conquis la Savoie, épouvanté l'Allemagne; mais les enfans ont ajouté aux trophées de leurs pères, la conquête de l'Italie, l'affranchissement de la Hollande et la réunion de plusieurs États, faisant jadis partie de la monarchie française jusqu'au Rhin.

Comme *Louis XIV*, au milieu de ses triomphes, négocia d'abord avec la Savoie pour rompre la ligue d'Ausbourg, la république française a entremêlé ses victoires de négociations, pour diviser la coalition de Pilnitz. Le duc de Savoie a été dans notre siècle comme dans l'autre, des premiers à traiter.

Ces paix partielles ont amené à la fin des deux siècles, en seize cent et dix-sept cent quatre-vingt-dix-sept, chacune un congrès, l'un à *Riswick*, l'autre à *Rastadt*, ayant tous deux pour but une pacification générale; mais elle dura peu après Riswick.

SUCCESSION D'ESPAGNE.

EN 1700.

En voyant l'empressement de *Louis XIV* au milieu de ses victoires, pour finir promptement la guerre, on demanderoit volontiers d'où lui venoit ce désir de la paix si pressant? C'est qu'il en avoit besoin pour tourner à son avantage un événement prochain, qui annonçoit de grands ébranlemens en Europe et par contre-coup dans les autres parties du monde.

Charles II, roi d'Espagne, de Naples et de Sicile, souverain de la Flandres, d'une partie de l'Italie, de plusieurs îles dans l'océan et la Méditeranée, empereur du Mexique et du Pérou, étoit prêt à mourir sans enfans. Cette riche succession appartenoit de droit à *Marie-Thérèse*, sa sœur aînée, reine de France et à ses enfans. Il avoit une autre sœur nommée *Marguerite - Thérèse*, première épouse de l'empereur *Léopold*,

Droits à la succession d'Espagne.

qui en avoit eu une fille, appellée *Marie-Antoinette*, mariée à *Maximilien-Emmanuel*, électeur de Bavière. Elle fut mère de *Joseph-Ferdinand Léopold*, prince électoral de Bavière.

On opposoit aux enfans de la reine de France, la renonciation de leur mère en se mariant. Si cette renonciation étoit valable, l'hérédité tomboit naturellement à l'électrice, et par elle, à son fils. Mais en admettant la validité du droit de la mère, cette succession seroit échue à la maison de Bavière et auroit échappé à la maison d'Autriche. *Léopold*, qui vouloit la conserver à sa famille, entreprit d'en priver son petit-fils.

Il dit, mais sans preuves, que sa défunte femme *Marguerite-Thérèse* avoit aussi fait une renonciation pareille à celle de *Marie-Thérèse*, sa sœur. Par là il prétendit exclure également les deux sœurs et leurs enfans, le Bavarrois comme les Bourbons, et se mit lui-même à leur place sur les rangs du chef de *Marie-Anne d'Autriche*, sa mère, fille de *Philippe III* et tante de *Charles II*, dont le contrat de mariage n'étoit grevé d'aucune renonciation. *Léopold* avoit d'une seconde femme, *Eléonore-Magdeleine*, fille du prince palatin de Neubourg, deux archiducs *Joseph* et *Charles*. Le premier étoit destiné à lui succéder dans l'Empire. Il présenta le second au roi d'Espagne *Charles II*, pour être reconnu par lui son légitime héritier.

Ce prince se trouvoit très-embarrassé entre deux femmes, également puissantes sur son esprit : *Anne d'Autriche*, fille de *Ferdinand III*, sa mère, déclarée en faveur du prince de Bavière, né de *Marguerite Thérèse*, et par conséquent son petit-fils, et *Marie-Anne de Neubourg*, son épouse, qui plaidoit pour les enfans de l'impératrice, sa sœur.

Entraîné par le motif de ne laisser la monarchie espagnole, ni à la maison de France, ni à la maison d'Autriche, déjà

Variations du roi d'Espagne. Premier testament.

toutes deux trop puissantes, *Charles*, pressé par sa mère, assura par testament tous ses États au prince de Bavière; mais cette grand-mère, protectrice du petit prince, mourut en 1696. Le roi, valétudinaire, exposé aux sollicitations de son épouse, qui n'avoit plus de rivale, annulla son testament; mais il refusa de déclarer le jeune archiduc son successeur et de le recevoir à sa cour, pour y être élevé comme son héritier, parce que *Louis XIV*, qui tenoit ses armées prêtes sur toutes les frontières de la monarchie d'Espagne, signifia qu'il regarderoit comme déclaration de guerre les marques de préférence qui seroient données à l'archiduc.

<small>Préparatifs de Louis XIV.</small> On voit maintenant pourquoi *Louis XIV* s'étoit hâté de faire la paix. Il avoit un double motif. Le premier, de se donner le tems de faire ses préparatifs dans le cas où la guerre deviendroit nécessaire; le second, de se concilier par des égards les princes qu'il avoit indisposés

par ses hauteurs, et de les engager à entrer dans les arrangemens qu'il seroit peut-être contraint de leur proposer : car il ne pouvoit se cacher qu'il trouveroit de grandes difficultés à faire passer la succession d'Espagne toute entière aux enfans du dauphin, son fils, héritiers de *Marie-Thérèse*, leur grand-mère. Aussi la paix de Riswick ne fut pas plutôt signée, qu'il dépêcha dans toutes les cours des agens publics et secrets chargés de sonder la disposition des esprits et de se les rendre favorables.

Il lui revint par ceux qu'il avoit envoyé en Angleterre, que le roi *Guillaume* ne trouvoit pas de meilleur moyen pour prévenir de grandes secousses et pour assurer la tranquillité de l'Europe, que de partager la monarchie entre chacun des prétendans. Ce projet fut goûté par le roi de France. On procéda à l'exécution. Le 11 octobre 1698 fut signé à la Haye, entre les puissances maritimes, un traité qui donnoit au dauphin le royaume des

Premier traité de partage.

Deux-Siciles, les ports de Toscane, le marquisat de Final et une province en Amérique. A l'archiduc *Charles*, le duché de Milan; et tout le reste de la monarchie, au prince électoral de Bavière, avec reversion à son père si le prince venoit à mourir.

<small>Deuxième testament de Charles II en faveur du prince de Bavière.</small>   Pendant qu'on disposoit ainsi de la monarchie à l'insçu de *Charles II*, lui-même revenoit à ses premières résolutions, et refaisoit un nouveau testament en faveur du prince électoral : ce qui réunissoit sur sa tête tous les droits et tous les suffrages; mais il mourut à la fleur de l'âge le 8 février 1699.

<small>Deuxième traité de partage.</small>   Cet événement occasionna un second partage, qui eut lieu sur la proposition de *Louis XIV*, par un traité signé à Londres le 13 mars 1700. L'archiduc *Charles* y étoit beaucoup mieux partagé que dans le premier, car on le substituoit au prince défunt pour le corps de la monarchie, et on n'en détachoit, comme dans le partage signé à la Haye,

que le royaume des Deux-Siciles, les ports de Toscane, Final et une province d'Amérique pour le dauphin, et le Milanais qui seroit donné au duc de Lorraine pour son duché, que la France s'incorporoit. Si l'archiduc *Charles* mouroit, il seroit permis à l'empereur de nommer un autre prince ou princesse de sa maison, pourvu que ce ne fut pas l'archiduc *Joseph*, roi des Romains, destiné à l'Empire. *Léopold*, auquel ce traité fut signifié, en montra un grand mécontentement, parce qu'on ne lui accordoit pas tout, ou du moins les parties qu'il désiroit principalement. Après bien des tergiversations, il refusa nettement d'accéder au traité, malgré les instances pressantes de *Louis XIV*.

Ce traité ne put être si secret, que le roi d'Espagne n'en eut connoissance. Il fut irrité de ce qu'on disposoit de son royaume lui vivant, et sur-tout de ce qu'on violoit l'intégrité de la monarchie. Il assembla son conseil, consulta son

Troisièm testamer de Charl II en fave de la ma son de France.

confesseur et même le Pape. On lui fit entendre que la renonciation de sa sœur *Marie-Thérèse* ne pouvoit lier ses enfans contre leur droit légitime. Sur ce principe, le monarque moribond fit un testament nouveau qui appelloit à sa succession *Philippe d'Anjou*, fils puiné du dauphin de France. En cas de mort, où si *Philippe* devenoit roi de France, le *duc de Berri*, son frère, lui étoit substitué, après eux l'archiduc *Charles*, et eux mourant ou éloignés par la réunion en leurs personnes du royaume de France ou de l'Empire, le testateur appelloit le duc de Savoie descendant de *Catherine*, fille de *Philippe II* et ses enfans. Ce testament portoit l'injonction précise de ne jamais permettre en aucun cas démembrement ou diminution de la monarchie espagnole. Il fut fait le 12 octobre 1700, et *Charles II* mourut le premier novembre.

Louis XIV l'accepte et personne ne reclame.

Louis XIV, instruit du testament, le préféra au traité de partage et l'accepta pour son petit fils ; *Philippe*, duc d'Anjou, et le déclara roi d'Espagne. Ce prince fut reconnu par tous les peuples de la domination Espagnole. Le duc de Savoie et le roi de Portugal donnèrent aux autres puissances l'exemple de l'acquiescement. Le premier étoit déjà étroitement lié à la France par le mariage de sa fille aînée, *Adelaide*, au duc de Bourgogne, et on lui promit pour *Louise Gabrielle*, sa cadette, la main du jeune roi. Le second fut gagné par la cession de quelques places frontières, qu'il désiroit entre l'Espagne et le Portugal.

Le roi d'Angleterre répondit une lettre de félicitation à celle que *Philippe* lui avoit écrite pour lui annoncer son installation. La Hollande, les rois du nord, l'empereur lui-même, et tous les princes d'Allemagne restèrent dans le silence et l'inaction, frappés d'étonnement de ce que le traité de partage, signé à Londres, le 13 mars 1700, qui leur avoit été communiqué avec le plus grand empressement, pour lequel on avoit sollicité avec tant d'ardeur leur accession, étoit subitement abandonné six mois après.

Motifs de Louis XIV. *Louis XIV* tâcha de faire approuver ou excuser ce changement de conduite par les motifs suivans, que ses agens furent chargés de représenter aux puissances chancelantes 1). L'empereur, disoient-ils, n'ayant point accepté le traité de partage, les puissances du nord n'y ayant point concouru, l'Angleterre et les états-généraux paroissant ne se prêter qu'à regret à quelques articles, comme l'abandon de Naples et Sicile, et de quelques parties des Pays-Bas à la France, le roi persuadé que ce traité ne s'accompliroit pas pacifiquement, a mieux aimé se conformer à la volonté

---

1) Ces négociations et celles qui concernent les traités de partage et les testamens, se trouvent dans 4 vol. in-fol. Manuscrits de plus de 600 pages chacun, du dépôt des relations extérieures.

du défunt, et se prêter au désir de toute la nation espagnole, pour l'intégrité de la monarchie, et renoncer aux avantages que le partage offroit à son royaume, que de donner lieu à une guerre qui pourroit troubler toute l'Europe.

Ce raisonnement parut sans doute à la plupart de ceux auxquels il étoit adressé plus spécieux que solide. Cependant, comme la clause principale du traité de partage, qui étoit de ne pas souffrir que la monarchie espagnole pût jamais être jointe à la France ou à l'Empire, se trouvoit aussi dans le testament, il restèrent tranquilles, parce qu'au fonds peu leur importoit au quel tombât la succession, à un cadet de France ou à un cadet d'Autriche.

Il y a donc apparence que ce grand événement se seroit passé sans guerre, sauf quelques arrangemens à prendre dans des conférences pacifiques, si on n'eut cru appercevoir dans la conduite de *Louis XIV* un dessein formé de réunir un jour les deux royaumes, et de profiter de la circonstance pour agrandir la France dès-à-présent.

Conduite oblique de Louis XIV. En effet, immédiatement après le départ du duc d'Anjou pour l'Espagne, *Louis XIV* lui envoya des lettres-patentes par lesquelles son droit à la couronne de France lui étoit conservé, au défaut du duc de Bourgogne et de ses descendans; ce qui exposoit les deux royaumes à être un jour réunis, contre la volonté expresse du testateur. En même-tems, il se fit donner par le conseil de Madrid la commission d'assurer les Pays-Bas à la couronne d'Espagne. Sous ce prétexte, il fit sortir les troupes Hollandaises des villes qu'elles gardoient en dépôt, pour la sûreté de leurs frontières contre les invasions possibles de la France. Cette opération causa une grande alarme aux états-généraux. Enfin le roi *Jacques* étant mort le 16 novembre 1701, *Louis XIV* accorda au prince son fils, nommé depuis le *pré-*

tendant, le titre et les honneurs de roi de la Grande-Bretagne. C'étoit une espèce d'engagement à soutenir ce prince, contre la disposition expresse du traité de Ryswick. Le roi *Guillaume* en fut outré.

Cependant il faut avouer qu'il n'avoit pas attendu ce moment pour se déclarer contre *Louis XIV*. Dès le commencement de 1701, il s'étoit entammé une négociation secrète entre l'empereur et lui, pour invalider le testament. Déjà l'empereur étoit en pleine hostilité. Il tenta de s'emparer des états dépendans de la couronne d'Espagne, en Italie. Les Français s'y portèrent le plutôt qu'ils purent, comme auxiliaires des Espagnols. Le prince Eugène qui avoit eu le tems de former des plans d'avance, les battit.

L'alliance qui se tramoit fut conclue à la Haie, le 7 novembre 1701, entre l'empereur, l'Angleterre et la Hollande. Elle portoit que les confédérés s'empareroient à force commune des Pays-Bas espagnols, du duché de Milan, des royaumes de Naples et de Sicile et des ports de Toscane. L'article VI est remarquable en ce qu'il indique les motifs que les Hollandais et les Anglais, sur-tout, avoient de s'immiscer dans une querelle de famille, qui ne les regardoit pas. Il porte que les possessions dont ils s'empareront, au-dela des mers sur la France, leur resteront. On convint de plus, que la paix ne se feroit que du consentement de tous les alliés, et on s'engagea à ne pas souffrir que les royaumes de France ou d'Espagne fussent jamais réunis.

Cette dernière clause fait voir que le but des deux puissances maritimes n'étoit pas alors de priver le duc d'Anjou de la couronne d'Espagne et de la transférer à la maison d'Autriche; mais seulement d'assurer à celle-ci ce que le traité de partage lui avoit donné.

Accession   Les contractans convinrent qu'il se-

roit libre aux autres puissances d'ac- *de plusieurs puissances.*
céder à cette alliance, et les efforts
qu'ils firent pour les y attirer, ne furent
pas infructueux. L'empereur mit dans
ses intérêts l'électeur de Brandebourg,
en lui conférant la dignité royale. Beaucoup de princes et cercles d'Allemagne
entrèrent successivement dans la coalition, jusqu'à ce que tout l'Empire se
déclara contre la France, dans la diète
de Ratisbonne, le 30 septembre 1702.

Le roi *Guillaume* étoit mort le 16 *Mort du roi Guillaume, guerre générale.*
mars de cette année. Ainsi il n'eut pas
la satisfaction de voir commencer par
les Anglais et les Hollandais les hostilités
contre la France ; mais il laissa tous les
préparatifs en état à la reine *Anne*, sa
belle-sœur, qui lui succéda. Unie à la
Hollande, elle déclara la guerre à la
France le 11 mai 1702. *Léopold* développa l'année suivante les intentions
qu'il avoit toujours eues de revendiquer
la couronne d'Espagne. Il se démit en
1703 de tous les droits qu'il y prétendoit
personnellement, et les transmit à l'ar-

chiduc *Charles* son fils cadet Comme il avoit besoin du Portugal pour procurer au nouveau roi l'entrée dans son royaume, une flotte anglaise se présenta devant Lisbonne, en même tems que *Charles* étoit substitué à Léopold, son père, et força le roi de Portugal d'accéder à la confédération, par un traité du 16 mai 1703. Le duc de Savoie, espérant de la grande alliance, des parties d'Italie, voisines de ses côtes, peut-être le Milanais tout entier, tourna ses forces, jusques-là unies à la France, contre son gendre, par un traité du 25 octobre de la même année. Mais ce ne fut que l'année suivante 1704, que le rival de *Philippe* aborda en Portugal. Alors l'Espagne entière, l'Italie, la Flandres, toutes les frontières d'Allemagne, du côté de la France, les colonies dans les deux mondes ressentirent les horreurs de la guerre. Alors aussi les désastres que *Louis XIV* éprouva après des succés brillans, le firent penser à la paix.

PAIX D'UTRECHT,

EN 1713.

A l'époque de ces revers commença une longue suite de négociations secrètes, publiques, interrompues, reprises, et qui enfin après neuf ans d'une guerre sanglante, écoulés depuis le tems où elles furent entamées, ont été terminées presqu'aux mêmes conditions qui avoient été proposées d'abord [1]).

Commencement des négociations.

---

[1]) Pour toutes ces négociations on a consulté,

1°. *Actes et mémoires et autres pièces authentiques, concernant la paix d'Utrecht.* A Utrecht, 1714, 6 vol. in-12.

2°. *Mémoires pour servir à l'histoire des négociations, depuis le traité de Riswick jusqu'à la paix d'Utrecht*, 3 vol. in-12. Ce sont les mémoires de Torcy, justement estimés.

3°. Il y a aux archives des relations extérieures plusieurs volumes, tant sur les négociations qui ont précédé la paix d'Utrecht, que sur cette paix elle-même.

Propositions de Louis XIV, qui se succèdent par dégradations.

Après la terrible défaite d'Hochtet, le 13 août 1704, *Louis XIV* essaya de détacher les Hollandais de la ligue, afin de se rendre du moins la guerre de mer

Celles de 1709 un vol. fol. — De Gertruidemberg, un vol. fol. — Les négociations particulières avec l'Angleterre, dans les années 1711, 12 et 13, 2 vol. fol. et un in-4°. Je les ai parcourus, et j'ai vu qu'ils ne contiennent rien d'important qui ne se trouve dans les *actes et mémoires* et dans les *mémoires de Torcy.*

Mais l'ouvrage le plus propre à donner des lumières sur les négociations de ce tems, est le *rapport du comité secret, nommé par la chambre basse du parlement de la Grande-Bretagne, pour faire l'examen des livres et papiers, qui roulent sur les négociations de la dernière paix, et du traité de commerce, fait le 9 juin v. st. 1715, par le sieur Robert Walpole, président du comité. Avec tous les mémoires, etc.*, 2 parties. Traduit de l'anglais, 1 vol. in-12. Amsterdam, chez les frères Weslein, 1715. Ce rapport fait connoître en grand détail combien cette affreuse guerre a coûté d'hommes et d'argent.

moins onéreuse. Les alliés eurent vent de ses propositions, les croisèrent et les firent rejetter, quoiqu'elles fussent très-avantageuses à leurs hautes-puissances.

Survint la déroute de Ramilliers, le 13 mai 1706, celle de Turin, le 7 septembre de la même année, et d'autres désastres qui s'accumulèrent et firent prendre au roi de France la résolution de transiger directement avec l'empereur, comme avec le plus intéressé et celui dont le consentement à la paix ameneroit le concours des autres.

Il lui offrit d'abandonner à l'archiduc la couronne d'Espagne, et ses états dans le nouveau monde, à condition que le royaume de Naples et de Sicile, et les possessions des espagnols en Italie, ainsi que la Sardaigne, resteroient à *Philippe*, son petit-fils. De nouveaux malheurs arrivés, en 1707 et 1708, firent encore céder Milan et les ports de Toscane retenus dans les premières offres. Enfin, au commencement de 1709,

Louis XIV abandonnoit toute la monarchie d'Espagne, Milanais, ports de Toscane, Pays-Bas, l'Amérique, îles et continent, ne retenant que les royaumes de Naples et de Sicile, et la Sardaigne, encore ne se montroit-il pas fort attaché à cette île.

Préliminaires hautains signifiés à Louis XIV.Les conférences où ces propositions étoient discutées, se tenoient assez secrètement chez les Hollandais qui commençoient à se regarder comme les arbitres des rois. Le prince Eugène et le duc de Malboroug trouvèrent moyen de s'y introduire. Des généraux avides de gloire et d'argent, et que la paix va rendre inutiles, sont rarement tentés d'y concourir. Ils obtinrent qu'on n'accorderoit à la France une suspension d'armes qu'elle demandoit, que sous la condition des préliminaires suivans qui furent impérieusement signifiés, au nombre de quarante articles, le 28 mai 1709.

Pour l'Espagne.L'archiduc sera reconnu roi de la monarchie d'Espagne, sans en rien distraire, telle que la possédoit le roi *Charles II*. Tout ce qu'en retient actuellement le duc d'Anjou, sera remis sous deux mois au roi catholique, *et si le duc d'Anjou ne consentoit pas à l'exécution de la présente convention, le roi très-chrétien, et les princes et états stipulans prendront de concert les mesures convenables pour en assurer l'entier effet.*

On assurera à l'empereur et à l'empire les cessions qu'ils réclament contre la France : Strasbourg, Brissac, Landau, les forteresses sur le Rhin, depuis Brissac jusqu'à Philisbourg, compris la forteresse de Rhinfeldz, qui reviendra au landgrave de Hesse-Cassel. {Pour l'empereur et l'Empire.}

La succession à la couronne d'Angleterre sera garantie dans la ligne protestante. La France cède l'île de Terre-Neuve. Il y aura restitution réciproque des colonies qui ont été prises. Dunkerque sera rasé, le prétendant sortira de France, et on fera un traité de commerce. {Pour l'Angleterre.}

Pour le Portugal. Le Portugal conservera, par le traité qui sera fait, tous les avantages que lui donne celui qu'il a contracté en 1703, avec les alliés, c'est-à-dire, entr'autres la navigation de l'amazone, exclusivement à la France, et la possession des forts qui bordent ce fleuve.

Pour le duc de Savoie. On rendra au duc de Savoie ce qui lui a été pris de ce duché, le comté de Nice et tout ce qu'il a pu perdre pendant la guerre. Il obtiendra de plus, les villes d'Exiles et de Fenestrelles, la vallée de Pragelas, et tout ce qui est en deça du Mont-Genève.

Pour plusieurs princes. L'électeur de Brandebourg sera reconnu roi de Prusse, et le duc d'Hanovre, électeur, en vertu des diplomes de l'empereur qui leur a accordé ces dignités. Ils rentreront en possession des villes et provinces que le sort des armes leur avoit fait perdre. La France restituera tout ce qu'elle a enlevé dans les Pays-Bas au roi catholique, et ce prince s'accommodera avec les Hollandais pour la barrière qu'ils désirent.

Quant aux électeurs de Bavière et de Cologne qui s'étoient tenus attachés à la France, et qui ont perdu tous leurs états, on ne leur rendra rien à présent, et leurs intérêts ne seront réglés qu'à la paix; mais l'électeur palatin partisan de l'empereur, restera en possession des terres, rang et dignités, dont il a été gratifié pendant la guerre par les décrets de sa majesté impériale, qui seront confirmés à la paix.

Différence mise entre les partisans des alliés et de la France, au préjudice de ces derniers.

Tout étoit à l'avantage des alliés dans ces préliminaires, et tout au détriment de la maison de Bourbon, qu'on dépouilloit sans le moindre dédommagement : cependant *Louis XIV* les accepta à l'exception du 38ᵉ. article, qui étoit conçu en ces termes : *En cas que le roi très-chrétien exécute tout ce qui a été dit ci-dessus, et que toute la monarchie d'Espagne soit rendue et cédée au roi Charles III, comme on est convenu par ces articles dans le terme stipulé, on a accordé que la cessation*

Article contesté.

d'armes entre les armées des hautes parties en guerre, continuera jusqu'à la conclusion et la ratification des traités à faire.

<small>Conférences de Gertruydenberg. Propositions humiliantes</small>

Ce fut cet article qui donna lieu aux fameuses conférences de Gertruidenberg, ville du Brabant hollandais; elles durèrent depuis le mois de mai jusqu'à la fin de juillet 1690. Comme cet article étoit relatif à ceux qui le précédoient, et pour ainsi dire leur complément, il occasionna de la part des Français cette question : *En quel cas le roi très-chrétien sera-t-il censé n'avoir pas exécuté ce qui a été dit ci-dessus ?* Les alliés répondoient : *C'est si la monarchie d'Espagne n'est pas rendue et cédée au roi Charles III, comme il a été accordé par ces articles dans le terme stipulé.* C'est-à-dire, rendue toute entière dans l'espace de deux mois. *Mais,* reprenoient les Français, *si Philippe ne veut pas céder ?* Les alliés répliquoient : *Alors ce sera à Louis XIV à le forcer.*

Cette proposition de faire agir ses troupes contre son petit-fils, de le détrôner lui-même, révoltoit le monarque. Néanmoins, forcé par sa détresse, il offroit de donner un million par mois aux alliés pour soudoyer les troupes qu'ils emploieroient contre *Philippe ;* mais ils rejetoient avec dédain cette humiliante condescendance. Ce n'est qu'un détour, disoient-ils. *Louis* a bien pu d'un mot placer *Philippe* sur le trône, d'un mot il peut l'en faire descendre ; et s'il ne se trouve pas assez fort seul, nous voulons bien que les troupes que nous avons en Espagne et en Portugal se joignent aux siennes, pour opérer le détrônement dans le terme stipulé, *faute de quoi la suspension d'armes entre les armées des hautes parties en guerre, sera rompue.*

_{Soumission de Louis XIV inutile}

Les alliés s'en tinrent opiniâtrement à cette condition. Après bien des efforts pour la faire adoucir, les plénipotentiaires français la déclarèrent *impossible dans l'exécution*, sur-tout à l'égard du

_{Rupture des conférences.}

terme de deux mois qui étoit fixé. Ils rompirent les conférences. Dans leur lettre d'adieu, on lit ces paroles remarquables, applicables à plus d'une circonstance. *Dieu sait humilier quand il lui plaît ceux qu'une prosperité inespérée élève, et qui, ne comptant pour rien les malheurs publics et l'effusion du sang chrétien, continuent les guerres qu'ils pouvoient terminer.*

Appel de Louis XIV à la nation; son effet. *Louis XIV* après l'inutilité de ses démarches pour la paix en 1709, s'étoit bien trouvé d'avoir fait connoître par des proclamations publiques la grandeur des sacrifices qu'il offroit et la morgue insultante des alliés, qui les rejettoient. Cette espèce d'appel à la nation, fondé non sur des réclamations vagues, mais sur une manifestation sincère des procédés respectifs, avoit engagé les Français à de grands efforts. La connoissance des propositions de 1710, répandue dans le peuple, en redoubla l'énergie. Le traitement hautain et approchant du mépris fait aux plénipotentiaires de *Louis XIV*, pendant les conférences, piqua aussi le Français, sensible à l'honneur national. Les armées se recrutèrent avec diligence. Elles reprirent courage, et les alliés ne tardèrent pas à se repentir d'avoir laissé échapper l'occasion de faire une paix toute à leur avantage; d'autant plus qu'alors des circonstances favorables vinrent aussi au secours de la France.

Il y avoit deux factions en Angleterre, les *Wigs* et les *Torys*. Les Wigs ayant beaucoup contribué à la révolution qui avoit mis en 1688 *Guillaume* sur le trône, jouissoient depuis ce tems de la prépondérance dans le gouvernement. Ils professoient assez ouvertement des principes républicains. *Malboroug* leur étoit intimement attaché et sa femme étoit favorite déclarée de la reine *Anne*. On a dit que l'époux, enflé de ses victoires, et l'épouse, fière de son crédit, n'avoient pas assez ménagé l'esprit de la

Espérances du côté de l'Angleterre.

princesse. Les Torys s'insinuèrent dans sa confiance en lui montrant des sentimens plus favorables au maintien de la puissance souveraine que ceux des Wigs. Des tracasseries domestiques se mêlèrent aux opinions politiques. L'épouse fut disgraciée à la fin de 1710. *Malboroug* accourut pour soutenir du moins le crédit de sa faction, s'il ne pouvoit rétablir sa femme à la cour. Mais qu'est-ce qu'un général séparé de son armée ? Il fut lui-même privé de toutes ses charges, et vit avec dépit, dans sa retraite, approcher la paix, qu'il avoit toujours repoussée.

Mort de l'empereur Joseph. Les suites.

Cette disgrace célèbre n'arriva qu'après un événement très-avantageux à la France, et que toute la prudence humaine n'avoit pu prévoir. L'empereur *Joseph* mourut à la fleur de son âge dans le mois d'avril 1711. Il laissoit à son frère *Charles*, déjà décoré du titre de roi d'Espagne, ses dignités et ses couronnes d'Allemagne. Les raisons qu'on avoit alléguées contre la maison de Bourbon pour exclure le duc d'Anjou de la monarchie d'Espagne, devenoient concluantes contre l'archiduc, qui alloit y réunir l'Empire et les vastes possessions de la maison d'Autriche. Ces considérations déterminèrent la reine *Anne* à écouter des propositions de paix de la part de la France, malgré les alliés. Elles furent présentées et agrées à Londres le 8 octobre 1711.

Ces préliminaires ne contiennent que sept articles, qui ne détaillent rien et paroissent tous de confiance. Il n'y est plus question de la renonciation de *Philippe* à la couronne d'Espagne; on statue seulement qu'elle ne sera jamais réunie à celle de France : qu'on accordera une barrière sûre à la Hollande, qu'il sera fait un traité de commerce avec la Grande-Bretagne ; que la succession dans la ligne protestante, sera garantie, et Dunkerque démoli. *Lorsque les conférences pour les négociations de paix*

<small>Préliminaires de la paix.</small>

seront formées, on y discutera de bonne-foi et à l'amiable, toutes les prétentions des princes et Etats engagés dans cette querelle. En conséquence de cette convention, le congrès fut indiqué à Utrecht pour le 12 janvier 1712.

<small>Congrès l'Utrecht.</small>

Quatre-vingt *excellences* 1), sous les noms de plénipotentiaires, ambassadeurs, députés, agens, chargés d'affaires et autres titres plus ou moins distingués, composèrent le congrès. Ils étoient envoyés de toutes les parties de l'Europe, fournis de prétentions et de demandes, bien munis de diplômes, d'argumens et aiguillonnés du désir de les faire valoir. Qu'on se représente les plénipotentiaires de France, qui n'étoient qu'au nombre de trois 2), continuelle-

1) En comptant les signatures, on trouve ce nombre, et sans doute il y en avoit d'autres qui n'ont pas signé.

2) Le maréchal d'Huxelles, l'abbé de Polignac et le sieur Menager.

ment harcelés par ces représentans de tant de princes, et on aura une idée de la difficulté de leur position.

Il est vrai qu'ils trouvoient de l'aide dans la bonne volonté des plénipotentiaires anglais, l'évêque de *Bristol* et le comte de *Straford*. Le prince *Eugène*, général de l'empereur, eut avec ce dernier, au moment de l'ouverture du congrès, un démêlé assez vif, au sujet des secours en vaisseaux, en hommes et en subsides que les alliés demandoient à l'Angleterre pour la continuation de la guerre. *Straford* objectoit *qu'il y avoit de l'injustice à jeter le fardeau presqu'entier de la guerre d'Espagne, sur l'Angleterre, pendant que les autres parties intéressées n'y contribuoient que très-peu et l'Empereur presque point.* Le prince répondoit *que la guerre d'Espagne étoit proprement la guerre d'Angleterre ; que c'étoit elle qui avoit excité l'empereur Léopold à s'y engager, et qu'on devoit compter pour*

Démêlé entre les anglais et les alliés. Avec remarquable sur la cause de la guerre.

beaucoup que l'empereur actuel, Charles VI, y eut exposé sa personne, aveu précieux qu'on peut appliquer à d'autres guerres.

Les Anglais n'admettoient pas cette compensation des dangers affrontés par l'archiduc en Espagne, pour obtenir cette couronne, avec ce qu'il leur en coûtoit d'argent. La chambre des communes fit à la reine *Anne*, au mois d'avril de cette année 1712, des remontrances respectueuses, mais véhémentes sur l'accroissement prodigieux de la dette nationale pendant cette guerre. Les états-généraux se plaignoient de leur côté, que ce qu'ils fournissoient en troupes, en argent et vaisseaux à la grande alliance, étoit bien supérieur à ce qu'exigeoient les proportions entre leurs forces et celles de l'Angleterre 1).

1) Voyez les tableaux des subsides depuis 1701, année par année, jusques et compris 1711, accordés par l'Angleterre à l'empereur au roi de Danemarck, au landgrave de Hesse

Cette contestation entre les deux puissances qui étoient les arcs-boutans de la ligue, mettoit les négociateurs français dans une situation bien différente de l'état où ils s'étoient trouvés aux conférences de Gertruydenberg. Sûrs du penchant de la reine *Anne* et de la nation anglaise pour la paix, dont les conditions essentielles étoient déjà convenues, ils traitoient avec plus d'assurance. La fermeté qu'ils montrèrent leur obtint dès les premières conférences un point très-important.

Utilité de cette mésintelligence pour les Français.

L'article VIII du traité de la grande alliance, signé en septembre 1701, étoit ainsi conçu : *La guerre étant une fois commencée, aucun des alliés ne pourra traiter de paix avec l'ennemi, si ce n'est conjointement avec la par-*

Ils traitent avec chacune des parties séparément.

Cassel, à l'électeur de Trèves, au duc de Savoie, au roi de Portugal, au roi de Prusse et à l'électeur palatin. *Actes et mémoires*, tom. 1er, *pag.* 604.

ticipation *et le conseil des autres parties.* Les alliés prétendoient que par le mot *conjointement,* on devoit entendre *traiter tous ensemble par un seul acte.* Les Français vouloient que *traiter conjointement,* ce fut *traiter dans le même tems, mais par des actes séparés.* Les Anglais approuvèrent leur interprétation, et ils décidèrent que chaque allié feroit ses propres demandes, *avec liberté de s'entre aider si on vouloit obtenir une satisfaction juste et convenable, chacun en conformités de ses alliances.* C'étoit déclarer implicitement que la grande alliance se trouvoit réduite à une réciprocité de bons offices, sans conserver l'engagement onéreux d'une guerre nécessaire en cas de non-satisfaction juste et raisonnable. Aussi le comte *Sinzendorff,* plénipotentiaire de l'empereur, au moment où cette manière de procéder fut décidée, s'écria dans l'assemblée : *Cette journée sera fatale à la grande alliance.*

Les plénipotentiaires français, libres de leurs actions, se mirent à traiter avec chaque puissance en particulier. Moyennant le secours des Anglais, avec lesquels ils étoient d'accord en grande partie, leur travail devenoit facile. Quelques circonstances cependant en suspendirent le succès pendant toute l'année 1712.

Dispositions des traités.

Il survenoit de nouvelles difficultés qui demandoient de nouvelles instructions et déterminations des puissances respectives. Les Hollandais ne vouloient pas se brouiller avec l'empereur et hésitoient à donner des paroles positives. De tous les princes de l'Empire, le seul roi de Prusse osoit s'affranchir de l'autorité de son chef et se montroit disposé à ne pas attendre le consentement du monarque teutonique pour finir la guerre. Le Portugal et la Suisse temporisoient. L'Angleterre même concevoit quelquefois des soupçons et exigeoit de nouvelles sûretés.

<small>Neutralité de l'Angleterre. Bataille de Denain.</small>

Enfin, après avoir fait montre de préparatifs de guerre comme les autres alliés, la reine *Anne*, au commencement de juillet 1712, donna ordre tant aux anglais nationaux, qu'aux troupes étrangères qui étoient à sa solde, de quitter l'armée du prince *Eugène*. Il n'y eut que les Anglais qui obéirent. Les autres passèrent sous les drapeaux de l'empereur; mais elles n'empêchèrent point la victoire de Denain, qui fut gagnée par le maréchal de *Villars* le 24 juillet.

<small>Précautions de l'Angleterre.</small>

La suspension d'armes, qui existoit de fait entre la France et l'Angleterre, ne fut cependant assurée que par un acte signé à Paris le 19 août, après que *Louis XIV* eut livré Dunkerque comme ôtage aux Anglais, qui y mirent garnison. L'armistice s'étendit aussi à l'Espagne; mais ce ne fut de même qu'après que le roi *Philippe* eut de nouveau juré sa renonciation au royaume de France, pour lui et ses enfans, en présence de commissaires anglais envoyés pour être témoins de cet acte, et des principaux seigneurs espagnols convoqués pour ce même objet. Ces précautions demandèrent du tems. On y employa le reste de l'année 1712. Enfin, au commencement de 1713, la paix fut signée entre la France, l'Angleterre, la Prusse, la Savoie, le Portugal et l'Espagne. Chacune de ses puissances ayant négocié à part, selon le désir des plénipotentiaires français, eut aussi son traité particulier.

Le premier acte qui fut signé à Utrecht, est du 29 janvier 1713. On doit le regarder comme un acte conservatoire fait seulement pour tranquilliser la Reine et les états-généraux sur les événemens futurs. Ces deux puissances s'y promettent aide et secours, et stipulent en 16 articles ce qu'elles se fourniront réciproquement, en vaisseaux, troupes et argent, pour la garantie, l'une de la succession à la couronne d'Angleterre dans la ligue protestante, l'autre d'une

Convention entre l'Angleterre et la Hollande.

barrière dans les Pays-Bas, destinée, selon les termes de l'article III, *à éloigner la France des Provinces-Unies pour la sûreté des états-généraux.*

Traités. Il y eut sept traités signés le 11 avril 1713, tous très-importans, parce qu'ils fixent l'état où la France s'est soutenue à quelques variations près, pendant plus de quarante ans à l'égard des puissances de l'Europe qui l'avoisinent. C'est pourquoi ces traités doivent être présentés avec quelque détail.

Avec la Savoie. Le traité avec la Savoie, contient dix-neuf articles : *Louis XIV* rend, (Article III), le duché de Savoie et le comté de Nice, avec toutes leurs appartenances et dépendances. (IV.) Tout ce qui est à l'aeu pendante dans les Alpes, du côté du Piémont, appartiendra au duc de Savoie; tout ce qui est du côté du Dauphiné et de la Provence appartiendra à la France, et les sommités seront partagées. (V.) Selon la convention faite entre leurs majestés très-chrétienne et catholique d'une part, et sa majesté britannique, le roi catholique cède à son altesse royale de Savoie, l'île et le royaume de Sicile, appartenances et dépendances. (VI.) Au défaut de descendans de *Philippe V*, les couronnes d'Espagne et des Indes, sont dévolues au duc de Savoie. (VII.) Toutes les concessions faites en 1703, par l'empereur *Léopold,* pour attirer le duc dans la grande alliance, savoir : une partie du Mont-Férat, des provinces d'Alexandrie et de Valence, toutes les terres entre le Pô et Tenaro, la Lomeline, la vallée de Sessia, le Vigevanasque, le droit sur les fiefs des Langhes, toutes possessions qui n'appartenoient pas à l'empereur, comme on ne sauroit trop le remarquer, et qu'il donna pour-lors, assurées au duc de Savoie. (X.) Le commerce d'Italie se fera comme auparavant par les états de Savoie, sans nouvelle taxe ou douane, mais assujeti aux anciennes.

Avec le Portugal.

Dix-neuf articles composent aussi le traité de Portugal. Il n'y a rien de fort essentiel, que la cession faite par la France. (Art. VIII, IX, X, XI, XII), de la navigation de l'Amazone et des forts qui avoisinent cette rivière, dans un espace indiqué d'une manière qui a rendu cette cession très-avantageuse aux Portugais et très-nuisible aux Français. On y observera cete clause singulière. (VII.) Qu'il ne sera permis aux vaisseaux de guerre français, d'entrer dans les grands ports de Portugal, qu'au nombre de six, sans que les autres nations soient assujetties par ce traité à la même réserve.

Avec le roi de Prusse.

On remarque dans le traité du roi de Prusse en onze articles, l'utile et l'agréable pour ce prince, en ce que le roi de France, (II.) reconnoît l'électeur de Brandebourg, roi de Prusse, promet de le faire reconnoître par le roi d'Espagne, en cette qualité et de lui rendre lui-même et faire rendre, tant à lui qu'à ses ambassadeurs, tous les honneurs attachés à la dignité royale. Quant à l'utile, on lui céda (VII.) la Haute-Gueldre, qui auparavant appartenoit à l'Espagne, comme dépendance des Pays-Bas. (VIII.) Le pays de de Kessel et plusieurs balliages. (IX.) La principauté de Neufchâtel, le Valengin et ses dépendances. (X.) Les contractans acceptent, et non pas réclament la garantie de la Grande-Bretagne. (XI.) Enfin les cantons Suisses, leurs alliés, la république et cité de Genève, les villes de Saint-Gal, Mulhauzen et Bienne, le Valais et les lignes Grises accèdent à ce traité comme garant de leurs droits et possessions.

Il y eut deux traités avec la Hollande, l'un de *paix et d'alliance*, l'autre de *commerce*. Le premier est composé de 39 articles. Par le neuvième, il est reconnu que le roi catholique cède les Pays-Bas à l'électeur de Bavière, dont l'empereur occupoit encore le pays, jus-

<small>Avec la Hollande, Traité d'alliance.</small>

qu'à ce qu'il y ait été rétabli et mis en jouissance de ces terres avec le titre de roi de Sardaigne et de neuvième électeur. Suit en plusieurs articles l'énumération des places situées dans la Flandre, tant espagnole qu'hollandaise, qui sont occupées par les troupes françaises à titre de conquête et qu'elles évacueront, et où seront reçues celles de la république, pour lui servir de barrière entre elle et la France.

L'article XIV prononce *qu'aucune province, ville ou fort ou place desdits Pays-Bas, ne pourront jamais être transportées, cédées, ni échoir à la couronne de France, ni à aucun prince ou princesse de la maison de Bourbon.* Mais on rend (XV) à la France Lille et plusieurs places environnantes. Les autres articles fixent les bornes entre les pouvoirs militaires et civils dans les places de la Bavière. L'engagement des rois de France et d'Espagne, de ne jamais réunir les deux couronnes, est rappellé article XXXI et son exécution fortement recommandée à la surveillance et à la garantie de l'Angleterre et de tous les princes contractans en ce jour; enfin, l'intervention des Suisses et de leurs alliés pour le maintien de cette stipulation, est nommément sollicitée par l'article XXXVII.

Dans ce traité d'alliance étoient jetées article XXII, quelques précautions demandées pour que le commerce de France ne prévalut pas tant dans l'Espagne européenne, que dans l'Amérique espagnole, sur celui des Hollandais. Mais ces précautions sont bien autrement détaillées et spécifiées dans le traité de commerce qui contient 44 articles. Ils diffèrent peu de ceux qui composent le traité de commerce entre la France et la Hollande, à Nimègue. *Traité de commerce.*

Le traité de commerce entre la France et la Grande-Bretagne, est neuf en son genre par le détail où il entre sur la qualité des marchandises, leur espèce, *Avec l'Angleterre. Traité de commerce.*

les tarifs des droits auxquels elles sont assujéties, les prohibitions ou l'affranchissement. Toutes ces choses sont expliquées en 39 articles. Ils paroissent mettre assez d'égalité entre les droits commerciaux des deux nations ; cependant en y regardant de près on croit appercevoir au sujet de l'introduction des marchandises anglaises en France, des conditions qui préparent pour la suite des avantages à l'Angleterre.

Traité et paix d'amitié. Mais ils sont bien plus marqués ces avantages, et déjà acquis à la Grande-Bretagne, par le traité intitulé de *paix et d'amitié*, et furent achetés par de durs sacrifices. Il est composé de trente articles.

La France reconnoît et garantit (IV.) la succession au trône anglais dans la ligne protestante : renonce (VI.) à tout droit sur la monarchie d'Espagne et à toute innovation, en *matière de commerce et de navigation* dans ce royaume, qui pourroit être plus utile à la France sous un Bourbon, qu'elle ne l'a été sous les princes autrichiens. (IX.) Les fortifications de la ville de Dunkerque et les ouvrages de mer seront rasés et ruinés aux dépends de la France, et les écluses qui servoient à nétoyer le port détruites. (X.) La baie d'Hudson appartiendra à l'Angleterre, à titre de restitution. (XII.) A titre de nouvelle possession, l'Angleterre aura la Nouvelle - Ecosse, autrement dit l'Acadie, ses villes et forts, la pêche exclusive sur ses côtes, l'île de Terre-Neuve, et les îles adjacentes, où les Français ne pourront conserver que quelques plages sans fortifications. (XIII.) Il ne leur sera même permis de pêcher dans ces parages qu'à des distances spécifiées, mais ils garderont l'île Royale, dite l'île du cap Breton. D'ailleurs des commissaires nommés par les deux parties régleront les limites dans un tems fixé, et termineront les contestations qui pourroient survenir. (XII.) Les anglais posséderont seuls St.-Christophe, une des îles Antilles que les Français avoient jusqu'alors partagée avec eux.

Enfin, (XV) *les habitans du Canada et autres sujets de la France, ne molesteront point à l'avenir les cinq nations ou cantons des Indiens soumis à la Grande-Bretagne, ni les autres nations de l'Amérique amies de cette couronne.* Le réciproque est promis de la part de l'Angleterre. Et comme si ce traité, où l'Angleterre donne la loi, étoit fait pour obliger toutes les autres puissances, les traités avec le Portugal et avec la Savoie y sont confirmés, *comme s'ils y étoient insérés mot à mot.* On y appelle le roi de Suède, le grand-duc de Toscane, le duc de Parme, la république de Gênes, les villes anséatiques et tous les souverains qui voudront y accéder dans un tems déterminé. On voit par cette énumération qu'elle influence les Insulaires s'étoient acquise sur le continent.

Il y eut aussi à Utrecht des traités *Traités de l'Espagne.* entre l'Espagne et les confédérés de la grande alliance. Ils ne regardent pas directement la France, mais les rapports que l'élévation de *Philippe V* avoit établis entre les deux royaumes, font que ces traités ne doivent pas nous être indifférens.

La reine de la Grande-Bretagne donna *Avec l'Angleterre.* l'exemple aux autres alliés par deux traités, l'un de paix et d'amitié signé le 15 juillet 1713, l'autre de commerce, du 9 décembre même année. Le premier contient 26 articles, dont le IIe. rappelle et renferme toutes les renonciations réciproques des Bourbons de France à l'Espagne, et du Bourbon d'Espagne à la France. Le Ve. la garantie de la succession en Angleterre à la ligue protestante. L'article IX exige que les sujets de la Grande - Bretagne soient traités dans les Etats d'Espagne comme les Français et les nations les plus favorisées. Par les articles X et XI, Gibraltar et l'île de Minorque sont cédées à l'Angleterre, à condition que les Mores et les Juifs n'y seront jamais soufferts. L'article XIII exige du roi d'Espagne une amnistie pour les habitans de la Catalogne, qui reconnoissoient encore l'Empereur. Dans l'article XIV se trouve la cession de la Sicile au duc de Savoie, et sa garantie article XXI. On comprend dans ce traité, comme dans celui avec la France, le roi de Suède, le grand-duc de Toscane, le duc de Parme, Gênes, Genêve et particuliérement (art. XXIII) la république de Venise, *en vertu de la neutralité qu'elle a observée avec exactitude entre les parties en guerre, les actes d'humanité qu'elle a fait paroître, elle sera incluse dans ce traité de la manière la plus favorable en qualité d'amie commune.* On savoit donc alors apprécier le mérite d'une nation, qui, par principe d'humanité, recevoit ou aidoit les malheureux que les horreurs de la guerre forçoient de recourir à elle.

L'Assiento. Il y a aussi dans ce traité un article secret qui porte qu'on ne souffrira jamais que la monarchie espagnole éprouve d'autre démembrement que celui de la Sicile sur-tout au profit des Français. Fidèles à leur jalousie les Anglais surent, par l'article XII, partager avec eux la traite des nègres dans les colonies espagnoles, qui étoit conservée aux Français, par l'art. VIII, en vertu d'un ancien accord connu sous le nom de l'*Assiento* 1).

1) *El pacto de el Assiento de negros* est un contrat par lequel les Anglais ont obtenu (article XII du traité d'Utrecht) le droit de fournir à *l'exclusion des sujets d'Espagne*, des nègres à plusieurs parties de la domination espagnole en Amérique. Cette ferme a d'abord été entre les mains de *la compagnie française de Guinée*, par bail, commençant le 1er septembre 1701, et expirant le 1er septembre 1712. Les Anglais s'appliquèrent à faire essuyer à cette compagnie des pertes qui la dégoûtèrent. Elle cessa en partie le service. Les Anglais se présentèrent et trai-

Traité de comme.ce. Le traité de commerce entre l'Espagne et l'Angleterre, qui ne fut signé que le 9 décembre 1713, contient quatorze articles, qui tous ont pour but de rétablir le commerce des Anglais par terre et par mer, dans les états européens d'Espagne, tel qu'il étoit sous

tèrent avec les Espagnols, le 26 mars 1713. Cependant l'article VIII, du traité signé le 15 juillet, laissa aux Français quelque part dans cette entreprise ; mais comme les conditions que les Anglais avoient obtenues, le 26 mars étoient beaucoup plus avantageuses que celles qui étoient conservées aux Français, le 15 juillet, ceux-ci furent bientôt évincés. Cette fourniture d'hommes ouvrit aux Anglais l'entrée du continent espagnol, quoiqu'elle dut être bornée aux iles. Le commerce qu'ils y firent fut un des motifs de la guerre, qui a été terminée par le 2ᵉ. traité d'Aix-la-Chapelle, en 1748. L'article XVI réintégre la compagnie anglaise dans ses droits; mais avec des restrictions qui ont enfin amené la dissolution du contrat, par un accord fait à Buen-Retiro, le 5 octobre 1750.

Charles II, tant par rapport aux privilèges des personnes, que pour les taxes, douanes, droits de *transit* et impositions sur les marchandises de quelque espèce qu'elles soient, toujours comme les nations les plus favorisées.

Ce qu'il y a de plus essentiel dans le traité de l'Espagne avec la Savoie qui contient quinze articles : c'est l'appel de la maison de Savoie à la monarchie d'Espagne, arrivant l'extinction de la branche de Bourbon, et en ce cas assure ce trône et la cession du royaume de Sicile à *Victor Amédée II*, et à ses descendans mâles. S'ils viennent à manquer, la couronne de Sicile sera rattachée à celle d'Espagne. On confirme de plus à *Victor*, toutes les cessions qui lui avoient été faites par l'empereur *Léopold*, dans le traité du 8 novembre 1703. Cette cession de la Sicile, qui coûta beaucoup au roi d'Espagne, fut exigée par les Anglais. *Louis XIV* destinoit cette couronne au duc Bavière, qui fut forcé de se con-

<small>Traité avec la Savoie.</small>

tenter de la Sardaigne, encore ce petit royaume ne lui resta-t-il pas.

Traité avec la Hollande. Enfin, entre les traités importans qui peuvent toucher la France, conclus à Utrecht, on doit compter le traité de paix et de commerce, entre sa majesté catholique et les états-généraux des Provinces-Unies, signé le 26 juin 1714, en quarante articles. Ils renouvellent toutes les précautions stipulées dans les traités précédens pour la liberté du commerce, la sûreté des personnes et des marchandises, l'admission dans certains ports, l'exclusion de quelques autres, et sur-tout du continent de l'Amérique.

PAIX
DE RASTADT ET DE BADE,

EN 1714.

Pendant le cours des négociations d'Utrecht, les Français firent tous leurs efforts pour engager l'empereur à conclure aussi la paix. Ils présentèrent à ses plénipotentiaires des propositions qui lui accordoient à-peu-près tout ce qu'il pouvoit désirer; savoir : la paix de Ryswick pour base du traité ; le Rhin de part et d'autre pour limite, jusqu'à Strasbourg, la droite à l'Empire, la gauche à la France : les fortifications des îles démolies: Landau, le royaume de Naples, le duché de Milan, quatre places sur la côte de Toscane, et les Pays-Bas espagnols donnés à la maison d'Autriche, sauf quelques petites parties qui seront spécifiées : les Etats d'Italie conquis pendant la guerre, retourneront chacun à leur ancien maître. Les électeurs de Cologne et de Bavière seront rétablis dans

Propositions faites à l'empereur.

leurs possessions et dignités : le dernier aura de plus le royaume de Sardaigne ; mais aussi le roi de France reconnoitra au duc d'Hanovre le rang d'électeur avec les droits et priviléges que l'empereur y a attachés. Le reste de ce plan qui avoit été auparavant communiqué aux Anglais, montre de la part de *Louis XIV*, les dispositions les plus modérées et l'intention de se prêter à tout ce qui pouvoit amener une décision. *Pourvu néanmoins*, disoient les plénipotentiaires Français, *que ces conditions soient acceptées avant le premier juin : après lequel terme sa majesté ne sera plus tenue à aucun engagement.*

Il refuse. Continuation des hostilités.

Mais la maison d'Autriche, toujours tenace, ne pouvoit se résoudre à renoncer à la monarchie espagnole, et ne s'accommodoit d'aucun des dédommagemens qu'on lui offroit ; les hostilités continuèrent donc sous le commandement du prince *Eugène* et du maréchal de *Villars*. Celui-ci emporta Landau et Fribourg, après une défense opiniâtre qui fit encore répandre beaucoup de sang.

L'empereur déterminé par ces pertes, qui lui en faisoient encore craindre de plus considérables, consentit enfin à traiter. Les deux généraux qui s'étoient mesurés avec gloire les armes à la main, furent chargés de la conciliation. Ils convinrent de se joindre dans le château de Rastadt, résidence des margraves de Bade, et s'y rendirent le 26 novembre 1713 1). *Conférences de Rastadt.*

Entre des hommes qui s'estimoient et avoient confiance l'un à l'autre, les conférences ne furent ni longues, ni difficultueuses. Ils y gardèrent le plus grand secret. Ce fut la première condition qu'ils *Signature de la paix.*

---

1) Il y a aux archives des relations extérieures, 1°. une *Histoire de la négociation des traités de paix conclus aux congrès de Rastadt et de Bade, en 1714 et 1715*, 2 vol. fol., le 1er de 919 pag., le 2e de 711. C'est le meilleur ouvrage de M. *le Dran*, le plus méthodique. Il y a inséré, avec beaucoup

s'imposèrent. Cette précaution écarta les incidens que font naître les curieux et les intéressés dont les négociateurs sont ordinairement environnés. Quand ils furent convenus des principaux articles, ils les envoyèrent à leurs cours respectives pour en avoir la sanction. Pendant l'examen ils se séparèrent et allèrent chacun de leur côté prendre quelque repos chez des princes voisins. Quand les consentemens furent arrivés, ils se rejoignirent, le 28 février 1714, et signèrent le 6 mars un traité en 37 articles.

Congrès de Bade.

Le XXXIIIe. s'exprime en ces termes : *La conjoncture présente n'ayant pas laissé le tems à sa majesté impériale*

d'ordre et de discernement les instructions, lettres et mémoires les plus essentiels.

2°. Une *Histoire de la négociation pour la conclusion de la paix de Bade*. Un vol. in-4°. de 656 pages. Cet ouvrage est moins chargé de citations que le précédent ; mais il n'en fait pas moins connoître l'intrinsèque de la négociation. L'auteur n'est pas nommé.

de consulter les électeurs, princes et États de l'Empire sur les conditions de la paix, non plus qu'à ceux-ci de consulter, dans les formes ordinaires, au nom de tout l'Empire, aux conditions du présent traité, qui les regardent; sa majesté impériale promet que lesdits électeurs, princes et états enverront incessamment, au nom de l'Empire, des pleins pouvoirs, ou bien une députation de leur corps, au lieu qui sera choisi pour travailler au traité général et solennel à faire entre l'empereur, l'empire et le roi très-chrétien.

Outre ces raisons qui déterminèrent à assembler un congrès, il étoit aussi nécessaire pour des explications de détail, dans lesquels les négociations militaires de Rastadt n'étoient pas entrées. L'empereur proposa au roi de France trois villes. Il choisit Bade en Suisse. Les plénipotentiaires, ministres et agens y affluèrent de toutes les parties d'Allemagne et d'Italie, et les conférences commencèrent le 5 juin 1714.

Articles du traité. Il a paru inutile de donner un extrait des articles de Rastadt, parce qu'ils sont compris tous, avec les mêmes clauses, dans le présent traité de Bade, qui n'a cependant qu'un article de plus, c'est-à-dire, XXXVIII; mais chacun beaucoup plus ample, plus étendu, et quelquefois grossi d'additions importantes.

Le traité de Rastadt (art. Ier.) est pris pour base et fondement de la paix. On statue (III) que les traités de Westphalie, de Nimègue et de Riswick seront exécutés avec toutes les stipulations auxquels il ne sera pas dérogé par le présent traité.

Après ces articles généraux, les affaires de l'Empire tiennent le premier rang. (IV.) Le roi rend le Vieux-Brisac et tous les forts à la droite du Rhin. Toute la gauche, jusqu'à Strasbourg, appartiendra à la France, avec le fort du Mortier.

Fribourg (V) sera rendu à l'empereur avec toutes ses dépendances et les forts construits ou réparés dans la Forêt Noire, ainsi que le fort de Kell; mais (VI) les fortifications des îles seront rasées, et la navigation du Rhin sera rendue libre. Tous les forts vis-à-vis d'Huningue (VIII) seront aussi détruits. Le fort Louis et l'île resteront à la France, mais le château de Bitnel (IX) sera rendu rasé à l'empereur.

Tout ce que la France a pris aux membres de l'Empire (XII) spécialement à l'électeur de Tréves, au prince Palatin, au grand-maître de l'ordre Teutonique, aux évêques de Worms, de Spire, à la maison de Wirtemberg, au duc de Montbéliard, aux deux maisons de Bade, sera restitué dans l'état actuel, et le roi (XIII) reconnoît la dignité électorale dans la maison d'Hanovre. L'empereur, de son coté, cède (XIV) à la France Landau et ses dépendances, et (XV) rétablit la maison de Bavière dans tous ses droits et dignités.

Suivent les affaires des Pays-Bas : ils sont cédés (XIX) à l'empereur et à ses héritiers et successeurs, tels qu'ils étoient possédés par le roi d'Espagne, *Charles II*. En seront cependant distraites, par le roi de Prusse, les parties qu'il possède déjà dans la Haute-Gueldre, beaucoup de villes et baillages dénommés, et le Pays de Keisel.

On approuve et ratifie (XX et XXI) des échanges ci-devant faites entre plusieurs parties contractantes; et les autres articles, jusqu'au XXIXe. compris, traitent de ce qui concerne la religion des restans, la vente volontaire des biens de ceux qui sortent, et généralement tout ce qui peut influer sur le sort des habitans des pays cédés.

Les affaires d'Italie avoient été réglées par le traité de neutralité conclu à Utrecht, le 14 mars 1713. Ce traité est rappellé (XXX) et les états que l'empereur y retenoit lui sont confirmés; savoir les royaumes de Naples et de Sardaigne, le duché de Milan, les ports et côtes de la Toscane, qui ont été possédés par les rois d'Espagne, de la maison d'Autriche. Mais aussi l'empereur promet (XXXI) de rendre justice au duc de Guastale, aux princes de la Mirandole et de Castiglione, au sujet des terres enclavées dans les possessions que les Autrichiens prétendoient leur appartenir.

Les autres articles, jusqu'à la fin, pourvoient à toutes les difficultés de forme et de fonds qui pouvoient nuire à l'exécution du traité. Le prince *Eugène* et le maréchal de *Villars* vinrent à Bade pour consommer leur ouvrage. Ils y signèrent, le 7 septembre 1714, le traité définitif qui confirmoit, dans tous ses points, celui de Rastadt, et repartirent le 11 du même mois.

Il ne fut question, dans l'un ni dans l'autre traité, de la renonciation de l'empereur à la couronne d'Espagne. Apparemment il en auroit trop coûté à sa fierté d'abdiquer un titre qu'il avoit porté dans la capitale de ce royaume.

<small>Omissions dans les traités.</small>

Comment on y pourvoit. Mais l'empereur et le roi de France se promirent, par l'article XXX de Bade, *de n'interrompre désormais, pour aucun sujet, la paix établie par le présent traité, de ne reprendre les armes et de ne commettre, sous quelque prétexte que ce fût, aucun acte d'hostilité.* C'étoit un engagement tacite de la part de *Charles VI*, de laisser *Philippe V* tranquille, et de ne point le troubler dans la possession de ses états. En effet, l'empereur promit, par l'organe du prince *Eugène* qui en donna sa parole au maréchal de *Villars*, de ne point secourir les Catalans, qui continuoient de se battre pour lui, et il retira même ses troupes de Barcelone.

Ténacité de Charles VI. On doit observer qu'après avoir pris le titre de *roi catholique* dans le traité de Rastadt, *Charles VI* ne le garda pas dans celui de Bade; mais il le reprit dans celui d'Anvers, qu'on a appellé le *traité de la Barrière*, signé le 15 novembre 1715, entre sa *majesté impé-*

riale et catholique Charles VI, sa majesté de la Grande-Bretagne et les États-Généraux : traité qu'on peut regarder comme le complément de ceux d'Utrecht, de Rastadt et de Bade.

Beaucoup de princes avoient été engagés dans la guerre par promesses, menaces et souvent par la nécessité de se défendre contre les entreprises hostiles auxquelles leur position et les intérêts des grandes puissances les exposoient. On accueillit d'abord dans le congrès leurs demandes et leurs représentations avec l'apparence du désir de les obliger et de leur rendre justice. Ce qui les regardoit fut discuté dans plusieurs séances. Mais quand les grandes puissances furent d'accord, on prescrivit aux petites des arrangemens de nécessité et de bienséance qu'elles furent obligées d'accepter, sauf les réclamations et protestations qu'on voulut bien permettre. Les mécontens, les plus difficiles, furent renvoyés à un autre congrès, dont on

Sort des princes engagés dans la guerre.

n'indiqua ni le lieu ni le tems. Mais en attendant, on leur enjoignit de rester dans les limites et sous le lien des conditions qu'on leur prescrivoit, sans pouvoir employer la force des armes, sous quelque prétexte que ce fût.

TRIPLE

ET

QUADRUPLE ALLIANCE,

EN 1715.

LES traités d'Utrecht et de Bade pacifièrent l'Europe, mais n'accordèrent pas *Charles VI* et *Philippe V*, parce qu'on ne put obtenir de l'empereur qu'il renonçât à ses prétentions sur la couronne d'Espagne. De son côté, le roi catholique ne se crut pas obligé de renoncer aux provinces et aux royaumes que ces traités arrachoient à la monarchie d'Espagne et transféroient à l'empereur.

Philippe V avoit perdu *Louise-Marie-Gabrielle* de Savoie, sa première épouse, femme d'un courage au-dessus de son sexe, qui rendit les plus grands services à son mari pendant la guerre et mourut à la fleur de son âge, n'ayant senti de la couronne que les épines. Il épousa le 24 décembre 1714 *Elizabeth*

L'empereur et le roi d'Espagne peu d'accord.

Alberoni premier ministre d'Espagne.

Farnèze, nièce et héritière d'*Antoine Farnèze*, duc de Parme et de Plaisance. Elle dut ce trône à l'abbé *Alberoni*, qui trompa la princesse des Ursins, alors toute-puissante sur l'esprit de *Philippe*, en lui persuadant que la princesse de Parme étoit une personne souple et bornée, qu'elle pourroit gouverner à son gré. *Elizabeth*, au contraire, se montra absolue et impérieuse, chassa la princesse des Ursins, s'empara de la confiance de son mari, fit cardinal et premier ministre *Alberoni*, qui se trouva un génie élevé et capable des plus grandes entreprises.

Ses projets. Il les prépara pendant le reste de la vie de *Louis XIV*. Ce prince mourut le premier septembre 1715. Il laissa sa couronne à *Louis XV*, son petit-fils, sous la tutelle de *Philippe*, duc d'Orléans, son neveu. Le jeune roi étoit d'une complexion très-foible, et on pouvoit supposer avec raison qu'il n'occuperoit pas long-tems le trône, où il venoit de s'asseoir.

Alberoni conçut le projet, s'il venoit à vaquer, d'y placer *Philippe V*, contre les dispositions du traité d'Utrecht.

Dans ce dessein, il entreprit d'ôter la régence de France au duc d'Orléans, et de la faire obtenir au roi d'Espagne, comme plus proche parent du jeune roi, dont il étoit oncle, afin que la mort du neveu arrivant, *Philippe* se trouvât tout prêt à s'emparer du trône. Pour réussir dans ce projet, *Alberoni* forma en France des partis contre le régent, et de peur qu'il fut aidé par l'Angleterre, intéressée à soutenir les dispositions d'Utrecht sur la séparation des deux couronnes, le ministre espagnol entreprit d'occuper la Grande-Bretagne par des troubles, en y faisant passer le prétendant.

Le régent de France et *Georges* Ier., successeur de la reine *Anne*, liés par les mêmes intérêts, s'engagèrent avec les états-généraux à soutenir le traité d'Utrecht dans toutes ses parties. Ils convinrent des vaisseaux, des troupes et

Triple alliance.

de l'argent que chacune des puissances fourniroit si elle étoit troublée dans ses États ou attaquée au-dehors 1). Ce traité fut signé à la Haie le 4 janvier 1717. Il est appellé le traité de la triple alliance. Pour complaire au roi d'Angleterre, le régent fit commencer la démolition de Dunkerque, que *Louis XIV* avoit différée, et fit sortir de France le prétendant, qui s'y étoit retiré après une tentative malheureuse sur l'Écosse.

1) Il y a au dépôt, 1°. *Traité de la triple alliance de* 1717, un vol. in-fol.

2°. *Négociation pour la triple alliance de* 1717, un vol. fol.

3°. *Triple alliance défensive de* 1717, *entre la France, l'Angleterre et la Hollande*, un vol. fol. tous manuscrits.

On voit dans ces négociations combien le régent redoutoit Alberoni, qui en effet remuoit toute l'Europe, et étoit venu à bout de réconcilier *Pierre-le-Grand* et *Charles XII*, ces deux ennemis acharnés, et de les réunir dans le projet de placer le prétendant sur le trône.

En même tems qu'*Alberoni* suivoit ses projets de troubler la France et l'Angleterre, il travailloit aussi à recouvrer par les armes les Etats d'Italie démembrés de la monarchie d'Espagne. Il commença par la Sardaigne. Une flotte, destinée en apparence à secourir les Vénitiens contre les Turcs, débarqua le 22 août 1717 huit mille hommes dans cette île, que les derniers traités donnoient à l'empereur, et s'en empara. L'an 1718, le ministre espagnol équipa une autre flotte qui fit une invasion dans la Sicile, possédée par le duc de Savoie, sous la garantie des contractans d'Utrecht.

Hostilités de l'Espagne.

Pendant ces hostilités, qui annonçoient une guerre capable d'embrâser toute l'Europe, les cabinets de Vienne, de Paris et de Londres travailloient à en arrêter les fureurs. Leurs plénipotentiaires s'assemblèrent dans cette dernière ville au milieu de l'année 1718, et en peu de tems ils firent une convention

Quadruple alliance.

qu'ils signèrent le 2 de cette année. On l'appella le traité de la quadruple alliance, parce qu'il étoit conclu entre la France, l'Angleterre, l'Empereur et l'Espagne, que l'on comptoit y faire accéder de gré ou de force 1).

Conditions. Les différens entre *Charles VI* et *Philippe V*, y étoient terminés. L'empereur renonçoit à tous les Etats de la monarchie d'Espagne, et le roi catholique abdiquoit de son côté toute prétention sur les Etats d'Italie et des Pays-Bas qui avoient autrefois appartenu à la monarchie espagnole.

Arrivant la mort du dernier mâle de la maison de Médicis, qu'on regardoit comme prochaine, l'empereur s'engageoit de donner l'investiture de la Tos-

---

1) *Mémoire historique de la négociation de la quadruple alliance*, 3 vol. in-fol. manuscrits. Les dépêches du cardinal *Dubois*, dont ces mémoires sont en grande partie composés, donnent une idée avantageuse de ses talens diplomatiques.

cane à *don Carlos*, fils aîné de *Philippe V* et d'*Elizabeth Farnèse*, et si *don Carlos* mouroit lui-même sans enfans mâles, l'investiture devoit passer successivement à ses frères cadets et à leurs héritiers, de manière que la Toscane ne put jamais rester à un prince qui deviendroit roi d'Espagne, ni être jamais partie de ce royaume.

La Sicile étoit accordée à la maison d'Autriche, et la Sardaigne en dédommagement au duc de Savoie, avec tous les honneurs de la royauté. On lui confirmoit la possession des fiefs impériaux qui lui avoient été cédés par le traité d'Utrecht, ainsi que le droit de succéder à la couronne d'Espagne, si la branche de Bourbon qui occupoit ce trône venoit à manquer.

On signifia cette convention aux parties intéressées, et on ne leur donna que trois mois, pour y accéder, avec l'alternative de la guerre, si elles ne s'y soumettoient pas. La prodigieuse diffé-

Acceptées par le duc de Savoie.

rence qui se trouvoit entre la Sardaigne et la Sicile, ou le duc de Savoie s'étoit déjà fait couronner, lui rendit l'acceptation de cette condition fort pénible. Cependant, il s'y soumit et accéda au traité, le 10 novembre 1718.

Et par le [roi] d'Espagne.

Le roi d'Espagne plus en état de résister, fit des efforts qui lui attirèrent sur les bras les forces de l'Angleterre et de la France. Les Anglais ruinèrent sa marine, dans un combat livré à vue de la Sicile, le 11 août 1718. Ils infestèrent ses côtes, et y firent des descentes ruineuses pour l'Espagne. Les Français y pénétrèrent par la Navarre, s'étendirent dans la province de Guipuscoa et en Catalogne pendant l'année 1720. Madrid étoit menacé. Ces revers firent prendre à *Philippe V*, le parti d'accéder à la quadruple alliance. Il la signa le 26 janvier 1720. Le sceau de la pacification fut la disgrace d'*Alberoni*, que le régent exigea et qui fut contraint de quitter l'Espagne.

CONGRÈS
DE CAMBRAI,

EN 1722.

L'ACCOMPLISSEMENT des conditions de la quadruple alliance si bien imaginées éprouva de longs délais. La forme à donner à tous les actes qui devoient constater et affermir les cessions et échanges présenta de grandes difficultés. Par un accord fait en 1720, on convint de les discuter dans un congrès qui s'assembleroit à Cambrai. *(Difficultés pour l'accomplissement de la quadruple alliance.)*

Plusieurs obstacles en suspendirent deux ans l'ouverture. Les principaux vinrent de l'empereur. Il exigeoit que les renonciations de *Philippe* fussent confirmées par les *cartes* d'Espagne et refusoit d'accorder que les siennes fussent ratifiées par la diète de l'Empire. La France et l'Angleterre, qui s'étoient portées pour médiatrices suppléèrent à ces formalités auxquelles *Charles VI*, ni *Phi-* *(Congrès de Cambrai.)*

lippe V, ne vouloient pas renoncer, en garantissant à chacun la pleine jouissance de leur partage, par un acte qui fut signé à Paris, le 27 septembre 1721.

Le reste de cette année et une partie de 1722, se passa encore en contestations qui eurent pour objet. 1°. L'établissement de la compagnie d'Ostende faite par l'empereur, contre l'intention du traité de Munster 1). 2°. Une foule d'in-

Compagnie d'Ostende et investitures.

---

a) L'article V du traité de Munster, défendoit aux Espagnols d'étendre leur commerce dans les Indes-Orientales, au-delà des Philippines. Et par l'article XXVI du traité de la Barrière, les stipulations du traité de Munster, relativement au commerce, étoient renouvellées entre l'empereur et les états-généraux. Or, l'empereur accorda, le 12 décembre 1722, à une compagnie fixée à Ostende, le privilége de naviguer aux Indes-Orientales par la route qui les portoit au-delà des Philippines, dans les parages occupés par les Hollandais : privilége qui devenoit très-nuisible, sur-tout au commerce d'Amsterdam.

cidens que le cabinet autrichien faisoit naître successivement sur les investitures qu'il devoit donner à *don Carlos* pour les états d'Italie, sur la mise en possession, la ligne de succession, les réversions et autre choses semblables, qui occupèrent le congrès au moment qu'il s'assembla, vers le milieu de 1722.

Mais quand il fut en pleine activité, ce qui n'arriva qu'au commencement de l'année 1724, les regrets de *Charles VI*, sur la monarchie d'Espagne, qui n'avoient jamais été bien étouffés, se manifestèrent de nouveau. Il vouloit du moins conserver le titre de *majesté catholique*, et qu'au contraire *Philippe* renonçât aux titres de roi de Naples et de Sicile, de duc de Milan et autres états, qu'il cédoit. Cette prétention et l'affaire des investitures s'accommodèrent encore par l'expédient de la garantie de la France et de l'Angleterre.

Difficulté de l'empereur renouvellées et applanies.

Mais le congrès de Cambrai vit naître La prag

matique de Charles VI. un autre obstacle à la paix générale, qu'il ne put surmonter. *Charles VI* qui étoit le dernier prince de la maison impériale d'Autriche, se voyant sans enfans mâles, avoit fait en 1718, sous le nom de *pragmatique*, un réglement par lequel il appelloit à sa succession, au défaut d'enfans mâles, *Marie Thérèse*, sa fille aînée, ensuite ses autres filles, puis ses nièces et leurs enfans, selon l'ordre de progéniture. Il demanda au congrès que cette pragmatique fut garantie par les puissances qui avoient des plénipotentiaires à cette assemblée.

Traité de Vienne. Rupture du congrès. Les maritimes y consentoient à condition qu'il supprimeroit la compagnie d'Ostende. Cette proposition ne lui convint pas, et il rappella de Cambrai ses ambassadeurs. Les lenteurs de cette assemblée ne plaisant pas davantage au roi d'Espagne, il fit partir pour Vienne, à la fin d'octobre 1724, un agent chargé de traiter directement avec l'empereur. Le renvoi de l'Infante, dans le mois d'avril 1725, qui brouilla la France avec l'Espagne fut favorable à la négociation. Dès le 30 de ce mois, il fut signé à Vienne une paix particulière entre l'empereur et le roi d'Espagne, et le congrès de Cambrai se rompit.

CONGRÈS DE SOISSONS.

EN 1728.

<small>Conditions du traité.</small> CES conditions du traité de Vienne sont, pour le fonds, les mêmes qui avoient été refusées à Utrecht, avec les arrangemens subséquens, relativement au partage de *don Carlos* en Italie. D'ailleurs, *Charles VI* et *Philippe V* gardoient, le premier, le titre de roi catholique, le second, celui de roi de Naples; enfin, chacun d'eux, les autres titres qu'ils avoient pris jusqu'alors; mais seulement leur vie durant. Après eux, leurs descendans ne devoient plus retenir que les titres des états dont ils seroient en possession. Par l'article XII, le plus essentiel, l'empereur garantissoit, au roi d'Espagne, l'ordre de la succession établi par le traité d'Utrecht; et celui-ci garantissoit, à l'empereur, l'exécution de sa pragmatique.

<small>Alarmes</small> Il y eut aussi un traité plus secret qui

régloit les contributions en hommes, en argent et en vaisseaux que chacune des puissances fourniroit pour l'assurance de ces conventions. Comme on y avoit glissé des insinuations de secours mutuels qui auroient lieu si l'Espagne tentoit de recouvrer sur l'Angleterre Gibraltar et le port Mahon, et si la Hollande, aidée par l'Angleterre, vouloit détruire la compagnie d'Ostende, les puissances maritimes s'alarmèrent de l'alliance si étroite de deux puissances jusqu'alors si ennemies. *qu'elles causent.*

Elles trouvèrent les mêmes ombrages dans le duc de *Bourbon*, premier ministre de France, qui ayant effectué le renvoi de l'infante, craignoit le ressentiment de l'Espagne, et se montroit enclin à adopter les moyens qui pouvoient l'en garantir. Ces dispositions donnèrent lieu à un traité qui fut signé le 3 septembre 1725, dans un château près d'Hanôvre, d'où il a pris le nom d'alliance d'Hanôvre. Les trois puissances y entraî- *Alliance d'Hanovre.*

nérent la Suède et le Danemarck. Les contractans de Vienne attirèrent à eux la Prusse et la Russie.

Hostilités. On arma de tous côtés. L'ardeur des négociations pour se faire des partisans, persuadoit que la guerre ne tarderoit pas à se rallumer. Il y eut des hostilités commencées contre Gibraltar, mais si peu redoutables, que la France ne jugea pas à propos de faire une diversion en faveur de l'Angleterre du côté des Pyrénées.

Préliminaires de paix. Depuis la disgrace de M. le duc, arrivée le 11 juin 1726, elle étoit gouvernée par le cardinal *de Fleuri*. En prenant en main le timon de l'état, le prélat montra les dispositions pacifiques dont il ne s'est jamais écarté, qu'à regret pendant le cours de son administration. A force de négociations, il engagea toutes ces puissances, qui se menaçoient, à entrer dans des voies de conciliation. Il se rendit comme médiateur, et obtint d'elles l'accession à des articles préliminaires de paix, qui furent signés à Paris, le 31 mai 1727.

Les principaux étoient un armistice de sept ans. Suspension, pendant cet interval, de la compagnie d'Ostende, et la convocation d'un congrès général, qui fut indiqué à Aix-la-Chapelle. Sa destination changea avant qu'il fût assemblé, et on le porta à Cambrai; mais sur les instances du cardinal, qui vouloit s'y trouver en personne, il fut enfin fixé à Soissons, où il commença le 14 juin 1728.

Congrès de Soissons.

Les députés de presque toutes les puissances de l'Europe s'y étoient rendus avec empressement. On donna, à l'ouverture, beaucoup de solennité. Le cardinal y parut comme un arbitre investi de la confiance générale, dont l'habileté et la prudence alloit concilier tous les intérêts et calmer toutes les passions. Il distribua des complimens et en reçut. Les plénipotentiaires l'imitèrent entr'eux. Les harangues, les visites, on pourroit

Sa rupture.

dire les repas et les plaisirs, furent presque l'unique occupation de cette assemblée. Elle dura un an languissante, incertaine autant sur les matières à traiter, que sur l'ordre et la forme à leur donner. L'inaction la tua. Elle se sépara en juin 1729, un an juste après son ouverture.

TRAITÉS

DE SÉVILLE

ET DE VIENNE.

EN 1729, 1731.

Le cardinal fixa l'attention des peuples sur cette assemblée, livrée avec affectation à leurs regards, pendant qu'il s'occupoit secrètement de moyens plus efficaces de rendre la paix à l'Europe. Les principaux obstacles qui s'y opposoient, étoient l'obstination de l'empereur à mettre en activité sa compagnie d'Ostende, et à faire garantir sa pragmatique, mais en même tems qu'il exigeoit ces avantages, il suscitoit des difficultés par lesquelles il paroissoit vouloir éloigner l'établissement solide de *don Carlos* dans les états d'Italie qui lui étoient cédés. *Conduite oblique de l'empereur.*

La reine d'Espagne voyoit avec peine les retardemens apportés à l'établissement de son fils. Le cardinal trouva dans cette circonstance le moyen de rattacher *Adresse du cardinal de Fleuri.*

l'Espagne à la France, dont elle s'étoit éloignée à l'occasion du renvoi de l'infante, qui avoit uni la cour de Madrid à celle de Vienne. Il fit donc, à cette princesse, offre de ses services, et engagea l'Angleterre à concourir, avec la France, à sa satisfaction. De là s'ensuivit un traité d'alliance entre les trois couronnes. Elles garantissoient à *don Carlos* le droit de succession aux duchés de Parme et Plaisance, après la mort du dernier souverain qui ne pouvoit pas tarder.

Pour s'assurer ce droit, les Anglais s'obligeoient à favoriser par mer, le passage d'un corps de troupes espagnoles, qui seroit mis d'avance en garnison dans les principales villes de ces duchés. Ce traité fut signé à Seville, le 9 novembre 1729. Les Hollandais y accédèrent le 21, sous la promesse faite par les alliés de leur procurer une entière satisfaction touchant l'inhibition du commerce accordé à la compagnie d'Ostende.

L'empereur fut extrêmement choqué

de ce traité, qui prétendoit lui imposer la loi au sujet de la compagnie d'Ostende : il fit lui-même passer des troupes en Italie, pour s'opposer à l'introduction des troupes espagnoles, qu'il disoit prématurée, puisque le duc *Antoine Farnèze* vivoit encore ; mais il mourut en janvier 1731. Alors l'empereur ne put plus se défendre de laisser entrer en jouissance, un prince que les traités de Vienne, d'Hanovre et de Séville, et le testament du défunt appelloient à cette succession. *en est mécontent.*

Le roi d'Angleterre lui fit entendre à cette occasion, qu'il étoit enfin tems de terminer les contestations sur la succession d'Espagne, qui troubloient l'Europe depuis plus de trente ans. Il lui offrit sa garantie pour la pragmatique, et lui promit celle des états-généraux, s'il vouloit se prêter à l'abolition de la compagnie d'Ostende. *On l'adoucit.*

Cette proposition fut la base d'un nouveau traité entre l'Empereur, l'Angleterre et la Hollande, signé à Vienne, *Traité de Vienne.*

le 16 mars 1731. Les puissances contractantes y renouvellent leurs anciennes alliances, et les états-généraux garantissent la pragmatique. L'empereur s'engage à faire cesser le commerce des Pays-Bas autrichiens aux Indes Occidentales, et il souscrit à tous les arrangemens pris à Séville, pour la succession des duchés de Parme et de Plaisance qui étoit ouverte, et pour celle du grand duché de Toscane qui ne devoit pas tarder à s'ouvrir, et dont le traité de Vienne de 1725 promettoit l'investiture aux enfans de la princesse *Farnèze*, reine d'Espagne. Le grand duc, quoique peu content de voir aussi impérieusement disposer lui vivant de ses états, confirma ces arrangemens par un acte particulier, signé à Florence, le 25 juillet 1731. Il y reconnoît *don Carlos* pour son successeur; mais des événemens arrivés dans le Nord, qui ont influé sur le Midi, ont changé cette dernière disposition.

ACQUISITION DE LA LORRAINE,

EN 1738.

Tout étoit calme en Europe. *Auguste II*, électeur de Saxe et roi de Pologne, meurt le Ier. février 1733. Il étoit naturel que *Louis XV* désirât de voir *Stanislas*, son beau-père, remonter sur le trône de Pologne, qu'il avoit occupé en 1704, par la protection de *Charles XII*. La plus grande partie de la Pologne penchoit pour lui, et il fut proclamé dans la diète selon les formes ordinaires, le 2 septembre. Election de Stanislas pour le trône de Pologne.

Mais une faction formée par le fils du défunt, proclama celui-ci le 5 octobre, sous le nom d'*Auguste III*. Ce prince avoit eu l'attention de se concilier l'empereur par la promesse de garantir la pragmatique. Aux troupes Saxones que l'électeur fit entrer en Pologne, *Charles VI* en joignit d'auxiliaires, sous prétexte Election d'Auguste III.

d'appuyer l'élection la plus régulière. La France, au contraire, n'envoya que de foibles secours à *Stanislas*. Il fut contraint de quitter en fugitif la Pologne, où il avoit été reçu avec un applaudissement presque général.

<small>La France déclare la guerre à l'empereur.</small> *Louis XV* irrité de l'affront fait à son beau-père, déclara la guerre à l'empereur, le 10 octobre, et s'empara de la Lorraine, patrimoine du duc *François Etienne* qui devoit épouser l'archiduchesse *Marie Thérèse*, fille aînée de *Charles VI*. L'Espagne qui éprouvoit des obstacles de la part de l'empereur, pour le parfait établissement de *don Carlos*, en Italie, se joignit à la France. Le roi de Sardaigne, qui avoit aussi des sujets de plaintes, entra dans cette alliance.

<small>Elle excepte en vain l'Empire.</small> Ces princes eurent soin de déclarer qu'ils prétendoient ne pas rompre avec l'Empire, auquel ils offroient une parfaite neutralité. Mais comme on ne pouvoit arriver à l'empereur, sans passer sur

les terres de l'Empire, *Charles VI* se servit de l'événement de la prise du fort de Kell, pour entraîner le corps germanique dans la guerre, quoique *Louis XV* s'engagât à le rendre à la paix. L'empereur ne fut pas si heureux auprès des Anglais et des Hollandais. Tout ce qu'il put se faire accorder, fût qu'ils obtiendroient de la France qu'elle n'attaqueroit point les Pays-Bas. A cette condition ils gardèrent une exacte neutralité.

Charles VI borné à ses seules forces contre toutes celles de la France et de l'Espagne, éprouva par-tout des revers; principalement en Italie. *Don Carlos* y eut les plus grands succès. Il fut couronné roi de Sicile à Palerme, le 3 juillet 1735. On négocioit dès-lors sous la médiation des Anglais et des Hollandais, qui ne voyoient pas sans inquiétudes les triomphes de la France et de l'Espagne. Ils proposèrent des préliminaires qui furent signés à Vienne, le 3

Préliminaires de paix.

octobre 1735, et suivis d'une suspension d'armes qu'on proclama, le 5 novembre, en Allemagne, et le 15 du même mois, en Italie.

<small>Traité de paix.</small> Mais la paix définitive ne fut signée que trois ans après à Vienne le 8 novembre 1738. Il fallut tout ce tems pour régler les intérêts des puissances belligérantes, dont quelques unes n'avoient accédé qu'à regret aux préliminaires. *Charles VI*, sur le bord de sa fosse, fit des sacrifices pour assurer la Pragmatique, qui devoit conserver l'intégrité des possessions de la maison d'Autriche, en faisant passer sa succession aux princesses ses filles et à leurs descendans, à commencer par l'aînée.

<small>Echange de la Lorraine contre la Toscane.</small> *Stanislas*, par ce traité de Vienne, renonça au royaume de Pologne, n'en conservant que le titre sa vie durant. En échange et dédommagement, on lui accorde les duchés de Lorraine et de Bar, réversibles en pleine souveraineté à la France après sa mort. Au duc *Fran-*

çois-Etienne, est confirmée la possession du grand duché de Toscane, promise par les préliminaires, et dont le Lorrain jouissoit depuis la mort de *Jean Gaston*, dernier mâle de la maison de Médicis, arrivée le 9 juillet 1737.

L'infant *don Carlos* obtint de l'empereur la cession des royaumes de Naples et de Sicile, ainsi que les ports de Toscane, pour lui, ses descendans mâles et femelles, et à leur défaut, aux autres enfans d'*Elizabeth Farnèse*, reine d'Espagne, et à leurs descendans, selon l'ordre de primogéniture. L'empereur rentre dans les duchés de Milan et de Mantoue, que le sort des armes lui avoit enlevés, et les rois d'Espagne et de Naples renoncent à toutes les prétentions qu'ils pouvoient avoir sur la Toscane et ses dépendances.

<small>La couronnes cédée à don Carlos. Le Milanais et le Mantouan assurés à l'empereur.</small>

Le roi de Sardaigne eut pour sa part deux districts dans le Milanais, les fiefs de *Langhes*, à charge d'indemniser les possesseurs et vassaux de ces fiefs, et de

<small>Partage du roi de Sardaigne.</small>

s'arranger avec la maison de Guastale, pour des prétentions qu'elle conservoit sur des parties du Mantouan cédées à *Victor Amédée*.

<small>Ce qui concerne l'Allemagne.</small>

Du reste, tout fut rétabli sur le Rhin et en Allemagne comme il étoit auparavant, et on convint de nommer des commissaires pour régler les moindres objets, comme limites, arrangemens de finances et autres choses qui n'étoient qu'indiquées dans le traité.

<small>Article de la pragmatique.</small>

Enfin, la France se rend garante de la Pragmatique autrichienne et de la succession par elle établie. L'article est conçu en ces termes : *La France accepte la Pragmatique telle qu'elle existe par l'acte solennel publié le 19 avril 1713, promet de la défendre, maintenir, et, comme on dit, garantir de toutes ses forces contre qui que ce soit, toutes les fois qu'il en sera besoin.*

DEUXIEME PAIX D'AIX-LA-CHAPELLE,

EN 1748.

Charles VI mourut le 20 octobre 1740. Il descendit dans le tombeau avec la ferme confiance que la garantie de sa pragmatique, jurée par les principales puissances de l'Europe, assureroit à l'archiduchesse *Marie-Thérèse*, sa fille aînée, la possession de tous les États de la maison d'Autriche; mais à peine avoit-il les yeux fermés, qu'il se présenta une foule de prétendans. Prétendans à la succession de Charles VI.

L'électeur de Bavière et l'électeur de Saxe réclamoient la succession entière, le premier comme descendant d'une fille de l'empereur *Ferdinand* Ier., le second comme époux de la fille aînée de l'empereur *Joseph* Ier. Les électeurs de Bavière et de Saxe.

Le roi d'Espagne faisoit revivre des droits surannés sur les royaumes de Hongrie et de Bohême, suite d'une conven- Le roi d'Espagne.

tion passée vers 1599 entre *Philippe III*, roi d'Espagne, et l'archiduc *Ferdinand de Gratz*, son cousin, par laquelle *Ferdinand* transmettoit ces deux royaumes, qui lui appartenoient du chef de sa mère, aux descendans de *Philippe*, si la postérité masculine cessoit dans la maison d'Autriche. Or, le cas arrivoit par la mort de *Charles VI*, et *Philippe V* se représentoit aux droits de *Philippe III*. Cependant la cour d'Espagne ne visoit pas directement à la possession de ces royaumes; mais elle tendoit à se faire de ses prétentions un droit pour ménager un établissement en Italie, aux dépens de la maison d'Autriche, à l'infant *don Philippe*, qui venoit d'épouser la fille de *Louis XV*.

<small>Les rois de Sardaigne et de Prusse</small> Le roi de Sardaigne réclamoit le duché de Milan du chef de sa trisaïeule. L'infante *Catherine*, fille de *Philippe II*, et *Frédéric II*, roi de Prusse, différentes parties de la Silésie, qu'il soutenoit avoir été injustement enlevées à sa maison

par celle d'Autriche. Il parut d'abord disposé à se contenter de deux duchés, offrant même en retour deux millions, la garantie de la pragmatique et sa voix pour élever le grand duc de Toscane, époux de *Marie-Thérèse*, à la dignité impériale.

Le conseil de cette princesse ne fit pas assez attention que ce jeune monarque montoit sur le trône avec une armée nombreuse et bien disciplinée, et un trésor considérable que son père venoit de lui laisser. On rejeta ses propositions. Se voyant rebuté, il entre brusquement en Silésie dans le mois de décembre 1740, et commence par cette conquête une guerre qui devint bientôt générale.

<small>Premières hostilités du roi de Prusse.</small>

Le père de ce monarque avoit garanti la pragmatique, en accédant à l'alliance de Vienne en 1726. Il n'en étoit pas de même de la maison de Bavière. L'électeur, qui en étoit chef, avoit toujours protesté contre la pragmatique; mais ce prince ne se seroit peut-être pas déter-

<small>La France prend parti pour l'électeur de Bavière.</small>

miné à choquer de son seul poids la masse de la maison d'Autriche, s'il n'y avoit été excité par la France.

Négociations du maréchal de Belle Ile.

Le cardinal *Fleuri* avoit quatre-vingt-cinq ans. Il ne demandoit à cet âge qu'à goûter dans un ministère pacifique les douceurs du repos. Soit lassitude des affaires, soit confiance presqu'exclusive dans la capacité du maréchal de *Belle-Ile*, il lui avoit laissé prendre un grand ascendant dans le conseil. Le maréchal y représenta que l'exécution de la pramatique laisseroit dans l'Europe à la maison d'Autriche une prépondérance que la maison de Bourbon avoit toujours redoutée, et qu'il falloit profiter, pour l'abattre, de l'occasion qui se présentoit de former contre elle une ligue puissante. Il inspira les mêmes sentimens au cabinet de Madrid, et les deux cours de concert, signèrent à Versailles, le 18 mai 1741, une alliance avec l'électeur de Bavière, à laquelle se joignirent successivement les rois de Prusse et de

Sardaigne, celui de Pologne comme électeur de Saxe, les électeurs Palatin et de Cologne.

On destinoit à l'électeur de Bavière la couronne impériale, le royaume de Bohême, la Haute-Autriche et le Tyrol, à l'électeur de Saxe la Moravie et la Haute-Silésie : le reste de la Silésie au roi de Prusse, et la Lombardie autrichienne au roi d'Espagne. *Marie-Thérèse* se trouvoit par là réduite au royaume de Hongrie, avec les Pays-Bas, la Basse-Autriche et les duchés de Carinthie et de Carniole.

Partage des états de la reine de Hongrie.

Ce partage fut appuyé d'une armée de quarante mille français, auxquels on donna le nom de troupes auxiliaires. Elle se réunit à celles de l'électeur de Bavière, s'avança sous ses ordres dans la Haute-Autriche et la Bohême, dont elle emporta la capitale pendant qu'une autre armée aussi forte arrêtoit dans la Westphalie un corps de trente mille hommes, que le roi d'Angleterre,

Appuyé par des armées françaises auxiliaires.

Georges II, menoit au secours de la reine de Hongrie. La supériorité des Français, prêts à s'emparer de son électorat d'Hanovre, le força de signer un traité de neutralité à Hanovre le 27 septembre 1741, et cette première campagne, si funeste à l'héritière d'Autriche, fut couronnée par le triomphe de l'électeur de Bavière, que la diète, assemblée à Franfort, élut empereur le 24 janvier 1742. Il prit le nom de *Charles VII*.

<small>Le roi de [Pr]usse et [él]ecteur de [Sa]xe font [leu]r paix [a]vec la [r]eine.</small>

La reine de Hongrie, si puissamment attaquée, résistoit cependant à l'aide des secours pécuniaires que lui fournissoit secrétement l'Angleterre et la Hollande. L'argent lui donnoit des soldats. Ces deux puissances lui rendirent encore un service plus important. Le plus dangereux de ses ennemis étoit pour le moment le roi de Prusse, parce que la position de ses états lui donnoit la facilité d'entrer quand il vouloit jusques dans le cœur des domaines autrichiens. Il en avoit bien profité en s'emparant de la Silésie et de la Moravie.

Le gain d'une victoire remportée, le 17 mai 1742, alloit le rendre maître de toute la Bohême, lorsqu'il suspendit tout d'un coup ses succès. Cette inaction fut le fruit des négociations du roi d'Angleterre, qui lui présenta, le 11 juin, des préliminaires de paix avantageux. *Frédéric* les accepta, et signa, le 28 juillet, un traité de paix définitif avec *Marie-Thérèse*. Elle lui accorda toute la Silésie haute et basse; au lieu qu'auparavant il n'en demandoit qu'une partie. Elle y joignit le comte de Glatz, avec des dépendances importantes. *Frédéric*, moyennant cette union, reconnut et garantit la pragmatique. Il fit comprendre, dans son traité, l'électeur de Saxe, qui se retira de l'alliance de Bavière, et garantit aussi la pragmatique autrichienne.

C'étoit un coup violent porté en Allemagne, à la grande alliance; mais elle avoit déjà été entamée en Italie par une

Le roi Sardaigne fait aussi paix particulière,

le roi d'Angleterre se déclare. convention signée à Turin, le premier janvier de cette année 1742, avec le roi de Sardaigne. En exécution des nouveaux engagemens que des promesses brillantes lui firent prendre, *Charles-Emmanuel* empêcha *don Philippe* de pénétrer en Italie, pendant qu'une escadre anglaise stationnée dans le port de Naples, forçoit *don Carlos* à la neutralité, et que le roi *George*, renonçant enfin à sa qualité d'auxiliaire, s'avançoit en personne au secours de la reine de Hongrie.

Le cabinet de Versailles fit les plus grands efforts, pour faire renoncer le roi de Sardaigne à la convention de Turin ; mais la reine de Hongrie les rendit inutiles, en accordant à ce prince, par un traité signé à Worms, sous la garantie du roi d'Angleterre, le 13 septembre 1743, différens districts du Milanez, le Pavesan, la ville de Parme, la ville et le marquisat de Final, qui ouvroit à ce prince une communication avec son île de Sardaigne. En revanche, il renonçoit à toute prétention ultérieure pour le duché de Milan. Il s'engageoit à lever, pour la reine de Hongrie, une armée de quarante-cinq mille hommes, qui devoit être en grande partie soudoyée par l'Angleterre et appuyée par une forte escadre anglaise dans la Méditerranée.

Louis XV quitta à son tour le rôle d'auxiliaire, à l'exemple du roi d'Angleterre, et commença, en 1744, ses campagnes, qui lui ont obtenu quelque gloire militaire. Le roi de Prusse, qui s'apperçut par les tergiversations de la reine de Hongrie, qu'elle étoit disposée à revendiquer la Silésie, se lia de nouveau à la France, par un traité signé à Versailles, le 22 mai 1744. Son but étoit de contrebalancer l'alliance qui venoit de se former entre la reine, le roi de Pologne, l'électeur de Saxe, la Grande-Bretagne et la Russie. Tous ces princes entroient dans les vues secrètes de *Marie-Thérèse*, qui ayant protesté dans le tems contre l'élection du duc de Bavière à

<small>Le roi de France se déclare aussi et se rattache le roi de Prusse.</small>

l'Empire, nourrissoit le dessein de placer sur ce trône le grand-duc son époux. Ils refusoient avec elle de reconnoître *Charles VII*, et *Frédéric* s'engageoit, avec la France, à le soutenir. Mais cet empereur mourut au commencement de janvier 1745.

<small>Qui fait de nouveau sa paix avec la Reine.</small> Selon le vœu de son épouse, *François-Etienne* fut élu empereur le 13 septembre de cette année. Le roi de Prusse protesta et continua la guerre. Il fut mal secondé par les Français, dont les principales forces agissoient dans les Pays-Bas, sous *Louis XV* en personne. *Frédéric* se soutint cependant par des victoires inespérées, et ayant envahi la Saxe il arracha, à la nouvelle impératrice, la paix de Dresde, signée le 25 décembre entre lui, *Marie-Thérèse* et l'électeur de Saxe. Par ce traité, le roi de Prusse rendit la Saxe, mais épuisée par les contributions, et garente encore d'un million d'écus que l'électeur promit. On assura de nouveau, au roi de Prusse, la

Silésie, et il adhéra à l'élection du nouvel empereur.

Ainsi la guerre s'éteignit en Allemagne, mais elle continua en Italie, aux Pays-Bas, dans les Deux-Indes. Les Français y étoient fort maltraités par les Anglais et les Hollandais joints à eux. Les avantages de *Louis XV* dans les Pays-Bas firent désirer la paix aux Etats-Généraux. Comme *Frédéric* avoit arraché la paix de Dresde en tombant sur la Saxe que la reine de Hongrie ne put sauver que par des sacrifices en faveur de son allié ; de même, le roi de France s'étoit avancé dans la Hollande, pour déterminer les Anglais à prêter aussi l'oreille à la paix, si nécessaire à leurs alliés. En effet, se voyant entamés par la prise de Berg-op-Zoom, et menacés de près par des armées victorieuses, les Hollandais firent consentir les Anglais à ne plus retarder la paix, quelqu'avantage qu'ils trouvassent à la guerre dans les colonies. Ils acceptèrent donc la proposition d'un

Congrès d'Aix-la-Chapelle.

congrès qu'on indiqua à Aix-la-Chapelle. Il y fut ouvert le 24 avril 1748.

<small>Traité de paix.</small>

Comme tout avoit été réglé pour l'Allemagne dans les différens traités dont nous avons parlé, il n'y eut pas grand travail sur cet objet. Les difficultés ne furent pas considérables non plus pour l'Italie, qui, à l'exception du changement de quelques limites entre les états particuliers, et de quelques dispositions différentes dans les clauses de succession, resta partagée comme elle étoit. Néanmoins la maison d'Autriche y perdit Parme, Plaisance et Guastale, qui furent cédé à *don Philippe*, frère cadet de *don Carlos*, en reconnoissance de ce que la France rendoit les Pays-Bas à l'impératrice, la Savoie et Nice au roi de Sardaigne.

Les Anglais restituèrent aux Français l'Isle-Royale, dite le Cap-Becton, et s'engagèrent à remettre, dans l'Inde, les choses sur le pied où elles étoient avant la guerre. Mais aussi les Français rendirent aux Hollandais Berg-op-Zoom,

Mastricht, et tout ce qu'ils avoient pris, de manière qu'après huit ans d'une guerre sanglante et ruineuse, il ne resta rien à la France, pas même la satisfaction de pouvoir rendre à Dunkerque ses fortifications et l'usage de son port.

On fut étonné dans le tems, et on ne concevoit pas comment la France victorieuse en Europe, pouvoit consentir à ne pas se redimer de la clause humiliante du traité d'Utrecht relativement à Dunkerque. Mais les Français n'avoient rien pris aux Anglais; et comment compenser autrement la restitution que ceux-ci faisoient dans l'Amérique et dans l'Inde? Les Espagnols remirent la compagnie française en possession de la traite des nègres pour leurs colonies, ou de l'exercice du contrat de l'*Assiento*, avec des dédommagemens à la compagnie anglaise pour quatre années, pendant lesquelles elle n'avoit pas joui de ce commerce. Ce traité de paix fut signé à Aix-la-Chapelle, le 18 octobre 1748.

Désavantage de la France dans le traité.

PAIX DE PARIS,

EN 1763.

<small>Objets de discussion entre les Français et les Anglais.</small> Les plus grands dommages que la France eut éprouvés pendant la guerre qui venoit de se terminer, étoient tombés sur sa marine. Aussitôt que la paix le permit, elle s'appliqua à réparer ses pertes. L'activité qu'elle mit dans ses travaux inquiéta l'Angleterre pour son commerce et ses colonies. Mais outre cette rivalité, il subsistoit entre les deux nations, touchant leurs possessions en Amérique, des différends que la paix d'Aix-la-Chapelle n'avoit pas terminés. Ils regardoient 1°. les limites de l'Acadie, ou nouvelle Ecosse, que les Anglais étendoient jusqu'au centre du Canada, et que les Français resseroient dans la peninsule entre Terre-Neuve et la nouvelle Angleterre. 2°. Les îles Caraïbes, Sainte-Lucie, la Dominique, Saint-Vin-

cent et Tabago, dont les deux nations se disputoient la propriété. En exécution de l'article du traité, elles nommèrent, pour l'examen des prétentions respectives, des commissaires qui s'assemblèrent à Paris, à la fin de septembre 1750 1).

Il n'est pas étonnant que pour de pareils objets qui demandoient des vérifications sur les lieux, par conséquent des voyages et les délais qui en sont une suite nécessaire, les conférences se soient prolongées. Pendant les controverses qui durèrent cinq ans, tantôt animées, tantôt languissante, les deux nations se tenoient comme dans un état de guerre. Les Français, sur-tout, bâtissoient des vaisseaux et renforçoient leur marine. Les Anglais ou imaginèrent

Les Anglais attaquent les Français.

1) Ces conférences sont contenues dans cinq gros vol. in-fol. du dépôt des relations extérieures, dont le relevé ne seroit pas à l'honneur de la bonne foi anglaise.

dans ces précautions un dessein formé de les attaquer, où ils crurent devoir trancher par l'épée le nœud des difficultés, dont ils craignoient peut-être que la solution ne fut pas à leur avantage : c'est pourquoi ils prirent brusquement le parti de prévenir les Français. Le 8 juin 1755, ils commencèrent les hostilités sur les confins des provinces qui étoient l'objet des conférences. Un détachement, commandé par Wasington, assassina plutôt qu'il ne défit, un détachement français qui croyoit venir à une conférence pacifique; en même tems une escadre anglaise attaqua dans ces parages, deux vaisseaux de guerre, dont elle s'empara. Ils couvrirent aussi la mer de leurs corsaires, qui enlevèrent dans cette première surprise plus de trois cents vaisseaux marchands, dont plusieurs étoient richement chargés, et environ dix mille matelots.

<small>Ceux-ci s'engagent dans une</small> La politique de l'Angleterre, quand elle s'étoit vu dans le cas de rupture

avec la France, avoit toujours été de lui susciter des guerres sur le continent d'Europe, afin de l'empêcher, par ces diversions, de faire de grands efforts sur mer, et de défendre victorieusement son commerce et ses colonies ; mais cette ressource qui avoit été si utile aux Anglais dans les dernières guerres, leur manquoit dans la circonstance présente. La maison d'Autriche dont ils tiroient ordinairement des secours, étoit en parfaite intelligence avec la maison de Bourbon. Malheureusement la France, par de fausses combinaisons, procura à l'Angleterre l'expédient qui lui manquoit. Au lieu de se borner à des opérations navales, dans lesquelles elle eut d'abord des succès brillans, elle jugea à propos d'y joindre une guerre de terre, en se proposant l'invasion de l'électorat d'Hanovre, patrimoine du roi *George II*.

Guerre de terre.

Le monarque Anglais trop sûr, par l'harmonie régnante entre les cours de Vienne et de Versailles, et par les al-

Le roi de Prusse prend pa[rti]

liances qui se préparoient entre elles, qu'il n'avoit rien à espérer de la reine de Hongrie pour la défense de ses états, les mit sous la protection du roi de Prusse. Si le Prussien étoit nécessaire à l'anglais, celui-ci n'avoit pas moins besoin de l'autre, parce qu'il connoissoit le désir toujours vif que nourrissoit l'impératrice de recouvrer la Silésie, et que dans les termes où se trouvoit cette princesse avec le roi de France, il ne pouvoit espérer de lui aucun secours. Il conclud donc avec l'Angleterre un traité d'alliance offensive et défensive, qui fut signé à Londres, le 16 janvier 1756. Ce traité acheté par l'argent des Anglais, piqua le roi de France, qui en conclud un contraire avec l'empereur à Versailles, le Ier. mai de la même année. Il garantissoit aux deux puissances leurs états, comme ils se comportoient, et il stipuloit un secours de vingt-quatre mille hommes pour celle qui seroit attaquée.

Le roi de Prusse avoit compté sur la Russie, gouvernée par *Pierre III*, qui lui étoit dévoué ; mais la révolution qui mit *Catherine II* sur le trône, lui enleva cette espérance. Loin de le secourir, elle accéda au traité de Versailles ; ainsi *Frédéric* se vit exposé aux attaques des trois plus grandes puissances de l'Europe. Il se ne découragea pas. Afin que leurs premiers efforts ne tombassent pas sur ses états, où il se seroit trouvé trop resserré, il entra le 9 août 1756, dans l'électorat de Saxe, investit l'armée qui la défendoit, la força de capituler, le 17 octobre, et de se rendre prisonnière de guerre.

L'électeur *Auguste III*, étoit en même tems roi de Pologne ; il se retira dans son royaume avec des passe-ports du vainqueur. Le roi de Prusse prétendit avoir trouvé des preuves dans les cartons de la chancellerie de Dresde, que l'électeur étoit d'accord avec les cours de Vienne et de Pétersbourg pour l'attaquer, et qu'il n'avoit fait que le prévenir. Ainsi commença la fameuse guerre de sept ans qui fait tant d'honneur aux talens militaires du grand *Frédéric*.

Très-glorieuse au roi de Prusse. Elle ne ressemble pas à celle de la pragmatique, qui a été entremêlée de traités perpétuels; celle-ci fut, non-seulement très-sanglante, mais encore très-opiniâtre, sans proposition d'accommodement, parce que les trois puissances ne pouvoient se persuader que du moins à la longue elles ne réussiroient à réduire un prince, dont les forces étoient si inférieures, et que lui, soutenu par son courage et un génie fécond en ressources, ne se laissoit, ni abattre par les revers, ni endormir par les succès.

Une défaite étoit pour lui le prélude d'une victoire : il multiplioit ses troupes, en les faisant pour ainsi dire voler d'une extrémité de ses états à l'autre. Vaincu, poursuivi, il se représentoit en force où on l'attendoit le moins. Il perdit sa capitale et la reconquit. Le roi de Suède grossit en 1757, la ligue de ses ennemis. La France envoya contre lui des forces formidables. Les Russes et les Autrichiens, commandés par d'habiles généraux, l'investirent, percèrent ses états, séparèrent ses armées : il les réunit, se remit dans le centre, pénétra chez ses ennemis, et leur fit désirer la paix.

Les Français en avoient grand besoin : leurs efforts sur le continent d'Europe, à la vérité assez heureux, ayant ralenti leurs opérations maritimes, les Anglais s'emparèrent de presque tous leurs établissemens dans les autres parties du monde. *Désastres des Français*

Dans l'Inde, ils prirent en 1757, Chandernagor, poste important, qui les rendit maîtres de l'embouchure du Gange. Pondichéri tomba en leur pouvoir, le 15 janvier 1761, et Mahé sur la côte Malabar, le 10 février suivant. Ces pertes portèrent un coup funeste à la compagnie des Indes. *En Asie.*

En Afrique. Aussi heureux en Afrique, les Anglais chassèrent les Français, en 1758, des forts que ceux-ci tenoient sur le fleuve Sénégal, où ils faisoient un grand commerce de poudre d'or, d'yvoire, de gomme et de nègres.

En Amérique. Ils leur enlevèrent en 1756, Québec, et tout le Canada en 1758; Louisbourg, le cap Breton et les forts sur l'Ohio, en 1760; la Guadeloupe, Marie-Galante et la Dominique, la Grenade, St.-Vincent, Sainte-Lucie, en 1761, et en 1762, la Martinique la plus riche des colonies Françaises.

Pacte de famille. Toutes ces pertes ne pouvoient être réparées par la France seule, dans l'état de délabrement où étoit sa marine. Le duc de *Choiseuil*, qui, sans avoir le titre de premier ministre, en exerçoit les pouvoirs, tenta des négociations avec l'Angleterre 1), et ne pouvant réussir,

---

1) Sur cette tentative de négociations, on peut consulter: *Mémoire historique sur la*

DE PARIS. 331

il imagina d'associer à la marine française, si déchue, celle d'Espagne, qui étoit dans un état de vigueur. Ce fut le but principal du célébre pacte de famille signé à Paris le 16 août 1761. Il stipuloit des secours respectifs entre toutes les branches de la maison de Bourbon, pour le maintien de leurs Etats, comme ils avoient été réglés par le dernier traité d'Aix-la-Chapelle.

L'Angleterre, à qui les articles de ce pacte n'étoient pas bien connus, en prit de l'ombrage. Elle en demanda communication et la demanda d'un ton qui choqua la fierté espagnole et entraîna une rupture entre les deux couronnes d'Espagne et de Portugal, parce que celui-ci n'ayant pas voulu se départir de son al-

L'Espagne prend part à la guerre, attaque le Portugal et essuie des pertes.

négociation de la France avec l'Angleterre, depuis le 16 mars 1761, jusqu'au 20 septembre de la même année. A paris, de l'imprimerie royale, 1761, grand in-12 de 196 pages, signé, par ordre du roi, le duc de Choiseuil.

liance avec l'Angleterre, fut attaqué par les Espagnols en 1762, et essuya des pertes, malgré les secours que les Anglais lui envoyèrent. Mais il sembla que les Espagnols ne s'étoient déclarés que pour mettre le comble aux triomphes des Anglais, qui leur prirent Manille et les Philippines en Asie; et en Amérique, la Havane, capitale de Cuba.

Négociations. Avant que l'Espagne eut pris part à la guerre, il avoit été commencé des négociations pour la paix, sous sa médiation, en 1670. Quand elle eut essuyé ces pertes, elle renoua ces conférences. La principale difficulté qui se rencontroit, venoit de la cour de Vienne. Elle ne pouvoit abandonner l'espérance de se faire rendre la Silésie. Cependant, pressée par les cours de Versailles et de Pétersbourg, elle consentit à un congrés qui devoit s'assembler à Ausbourg en juillet 1761.

Sans succès. On auroit cru qu'il alloit avoir un prompt et entier succès, parce que l'Angleterre et la France étoient d'accord sur presque tous les points; mais les intérêts de leurs alliés les retinrent encore sous les armes, et le congrès, à peine commencé, se sépara le 21 septembre de la même année.

Alors la Suède, qui n'avoit fait que des pertes, la Russie, qui ne voyoit rien à gagner à la guerre, se séparèrent de la grande alliance. On revint à des négociations en 1762. Les cours de Versailles et de Saint-James s'envoyèrent des ambassadeurs. Toutes les contestations qui existoient entre la France et l'Angleterre, l'Espagne et le Portugal, furent suspendues par des préliminaires signés à Fontainebleau le 3 novembre 1762.

Préliminaires de l. paix.

Il n'étoit plus question que de la Prusse et de la reine de Hongrie. Cette princesse avoit armé l'Empire contre *Frédéric*. Pour accélérer la conclusion de la paix, il crut devoir forcer l'Empire à la neutralité. Dans cette intention, il y fit entrer un corps d'armée qui s'avança

Le roi de Prusse décide la paix.

jusqu'à Ratisbonne. Les électeurs de Bavière et de Mayence et les cercles voisins, menacés, demandèrent la paix et s'engagèrent à retirer leurs contingens de l'armée de l'Empire. La France, de son côté, refusa tout secours à l'Impératrice. Elle se trouva donc seule avec la Saxe contre le roi de Prusse.

Paix de l'Empire.

N'ayant rien pu gagner sur *Frédéric* quand elle avoit toute l'Europe pour elle, *Marie-Thérèse* ne pouvoit se flatter de réussir quand elle en étoit abandonnée ; de sorte qu'elle consentit à des conférences qui commencèrent au château d'Hubertsbourg, en Saxe, le 31 décembre 1762. Elle s'y rabattoit à conserver seulement le comté de Glatz; mais le roi de Prusse se roidit contre cette réserve, la reine fut obligée d'y renoncer, et la paix se conclud aux conditions qui plurent au monarque entre lui, l'impératrice-reine et l'électeur de Saxe, roi de Pologne. Elle fut signée le 15 février 1763. Par ce traité, tout fut rétabli entre les trois puissances comme il étoit avant la guerre, sans presqu'aucun changement. Tel fut le résultat de sept campagnes aussi meurtrières que dispendieuses.

Cinq jours auparavant, c'est-à-dire, le 10 février 1763, la paix avoit été signée à Paris entre la France et l'Angleterre, l'Espagne et le Portugal. La France en fit tous les frais. *Paix de la France.*

Elle céda aux Anglais (art. II et III) l'Acadie ou la nouvelle Ecosse, le Canada et ses dépendances, l'île du cap Breton et toutes les autres îles dans le golfe et fleuve de Saint-Laurent; mais les Français auront la liberté de la pêche dans le golphe à trois lieues des côtes, hors du golphe à 15 lieues du cap Breton. Les pêcheurs pourront barraquer et sécher leur poisson dans les îles de St.-Pierre et de Miquelon; mais sans fortifications. La Guadeloupe, Marie Galante, la Desirade et Belle-Ile (V et VI) seront restituées à la France, Grenade *Conditions avec l'Angleterre pour l'Amérique.*

et les Grenadines à l'Angleterre, et elle aura en entier les îles St.-Vincent, de la Dominique et de Tabago, dont la jouissance étoit auparavant commune aux deux nations. Dans ces articles, est inséré ce qui regarde Dunkerque, qui sera remis dans l'état d'inutilité fixé par le traité d'Aix-la-Chapelle.

<small>Pour l'Afrique.</small> L'Angleterre (IX) gardera le Sénégal, en Afrique, et la France seulement l'île de Gorée.

<small>Pour l'Asie.</small> Les possessions françaises et anglaises sur les côtes de Coromandel, de Malabar et de Bengale et dans toutes les Indes-Orientales, seront remises (X) à ceux qui les possédoient avant la guerre, à condition que les Français n'y enverront pas de troupes.

<small>Pour l'Europe.</small> L'île Minorque et le fort St.-Philippe sont restitués à l'Angleterre, la France rend aussi au roi son électorat d'Hanovre, et aux alliés de ce prince, en Allemagne, tout ce qu'elle avoit pris sur eux.

La paix d'Espagne se fit aussi aux dépends de la France, parce qu'elle accorda aux Espagnols la Louisiane en dédommagement de la Floride, qu'ils abandonnoient aux Anglais. Elle confirma aussi aux Portugais la cession déjà faite de la navigation de l'Amazone et des terres et forts qui l'approchoient.

Autres cessions de la France.

On eut soin de rappeller nommément dans ces traités ceux de Westphalie, de Nimègue, de Riswick, d'Utrecht, de Bade, de la triple et quatruple alliance, de Vienne en 1738 et d'Aix-la-Chapelle. Cette mention étoit très-utile aux Anglais pour leur garantir les acquisitions faites en un siècle dans les quatre parties du monde 1). Le traité de paix leur assura toutes leurs colonies, et n'ayant

Possessions anglaises.

---

1) A la paix de Westphalie, en 1640, les Anglais ne possédoient hors de chez eux que les îles de Jersey et Guernesey. A la paix de Paris, en 1763, c'est-à-dire, dans l'espace de cent quinze ans, ils se sont trouvé posséder,

En Europe, outre Jersey et Guernesey,

plus à craindre, la marine de France, presqu'anéantie, ce fut alors qu'ils purent se flatter de posséder l'empire des mers.

Gibraltar, Minorque et l'avantage de rendre Dunkerque inutile.

En Afrique, Ste-Hélène, les forts et comptoirs sur les rivières du Sénégal et de Gambie, et sur les côtes nommées collectivement la Guinée ou la Négritie.

En Asie, le port de Bombaye et l'île Salcete, le fort Saint-David, la ville de Goudelour, le fort St-Georges, Madras, le Bengale, avec les villes de Calcuta, le fort Wiliam, Bancouli, etc.

En Amérique, la Barbade, Saint-Vincent, l'Anguille, la Barboude, Saint-Christophe-Newis, Antigoa, Mont-Ferat, la Dominique, la Grenade et les Grenadins, les Bermudes, la Jamaïque, Bahama, les côtes du continent septentrional, garnies de villes opulentes, depuis la Caroline jusqu'à l'Acadie ou la Nouvelle-Ecosse, compris presque toutes les îles de ces mers, et enfin le Canada, la baie d'Udson et des priviléges pour couper des bois dans la baie de Honduras.

PAIX

DE VERSAILLES,

EN 1783.

Malgré les succès et les triomphes des Anglais, la dernière guerre leur avoit été très-onéreuse. La dette nationale s'étoit prodigieusement augmentée. Ils voulurent rejeter une partie du fardeau sur leurs colonies de l'Amérique septentrionale, qui leur avoient été, dans cette même guerre et dans la précédente, d'un grand secours.

Brouillerie des Anglais et des Anglo-Américains.

Depuis la fin du seizième siècle, tems de leur fondation, elles s'étoient toujours montrées fort attachées à la mère-patrie. Mêmes mœurs, mêmes loix, même langue, même souverain; mais elles ne tenoient à la métropole que par un gouvernement purement civil, sans assujetissement à aucun impôt. Aussi leur parut-il dur que l'Angleterre voulût en exiger après la paix de Versailles.

Ce qui enhardit les Américains.

Par cette paix, la Grande-Bretagne s'étoit fait céder le Canada et la Floride, qui flanquoient les Américains et leur rendoient nécessaires les secours de la mère-patrie, contre les Français et les Espagnols qui les possédoient. N'ayant plus d'inquiétudes de la part de ces deux nations, qui armoient quelquefois contre eux les sauvages de l'Ouest, ils se trouvèrent en état de se défendre seuls contre ces hordes, qui devenoient moins dagereuses dénuées de l'appui des Européens.

L'acte du timbre.

Ils sentirent donc qu'ils pouvoient se suffire, et la sécurité qui naquit de la connoissance de leur force, les détermina à repousser les aggressions fiscales de l'Angleterre. Celle-ci commença par l'acte du timbre, qui fut publié en avril 1765. Il assujetissoit les Américains à se servir, pour tous leurs actes, sous peine de nullité, d'un papier timbré, dont le prix seroit à proportion de la valeur des objets.

Cette innovation excita des réclamations générales, des émeutes et des voies-de-fait contre les officiers du roi, chargés de l'exécution. Les Américains prétendirent que l'Angleterre n'avoit pas droit de leur imposer des taxes, et à cette occasion, on commença à s'entretenir du fondement et de la forme de la suprématie anglaise, quel étoit son pouvoir, et jusqu'à quel point on devoit s'y soumettre; discussions toujours dangereuses pour l'autorité. *Opposition à l'exécution.*

Le parlement le sentit, et pour les faire cesser, il retira l'acte du timbre en 1766; mais en même tems il donna maladroitement matière à des discussions encore plus animées, en publiant un acte déclaratoire, portant que les colonies étoient absolument dépendantes de la Grande-Bretagne, en qui seule résidoit le droit des loix obligatoires pour les colonies dans tous les cas. Cet acte paroissoit un fondement posé pour élever dessus un édifice de vexation quand on voudroit. *Le parlement se retire.*

Droit sur le thé.

Du moins les Américains en jugèrent ainsi, et en furent absolument convaincus quand ils virent mettre, en 1667, à la place du timbre, des droits sur le thé, le papier, les couleurs, le verre et d'autres marchandises transportées d'Angleterre en Amérique. Les colons se soulevèrent encore contre cette taxe, et refusèrent de la payer. Le parlement ordonna, en 1669, qu'ils y seroient contraints par la force, et qu'on feroit passer des troupes dans les colonies. Cependant pour tâcher de ramener les esprits, il réduisit, en 1770, tous les impôts au seul sur le thé.

Mécontentement.

Les Américains s'embarrassoient peu de cette taxe, parce qu'ils tiroient assez de thé de contrebande par les Hollandais. Mais le parlement prit des mesures strictes et sévères pour les priver de ce secours. Ainsi persécutés et tourmentés dans une habitude qui leur étoit chère, les colons eurent le courage de s'en priver. Ils brûlèrent ou jetèrent dans la mer le peu de thé que les Anglais leur faisoient passer par une espèce de commisération, et interdirent chez eux l'entrée des marchandises anglaises.

Ces actes de violence, long-tems suspendues par des négociations entre les parties qui craignoient également la guerre, éclatèrent le 21 décembre 1773. L'Angleterre fit passer des troupes en Amérique à la fin de mars 1775, interdit et fit bloquer le port de Boston, et couvrit les mers septentrionales de ses vaisseaux, qui ressérèrent les Américains dans leurs ports et gênèrent leur pêche.

Hostilités.

Les opprimés, comme ils s'appeloient, s'étant envoyé des députés de province en province, étoient convenus d'une assemblée qu'ils convoquèrent à Philadelphie, afin de parvenir en commun à leur défense et à leur sûreté. Le congrès commença le 5 décembre 1774. Il décida la levée et l'armement général. Chacun courut se faire inscrire, et les hostilités commencèrent le 19 avril 1775, par une rencontre inopinée entre les troupes anglaises et un corps de milice américaine.

<small>Déclaration d'indépendance.</small> Les succès que les Américains eurent dans cette campagne, et l'énergie qu'ils montrèrent en allant attaquer les Anglais dans le Canada, déterminèrent ceux-ci à des efforts extraordinaires pour celle de 1676. Le nombre de leurs troupes fut porté à trente-cinq mille hommes. Les Américains, loin de se laisser intimider, prononcèrent leur indépendance par acte du 4 juillet 1776, et donnèrent une forme à leur gouvernement.

<small>Alliance des Français avec les Américains.</small> La France jusqu'alors n'avoit pas paru se mêler des affaires des Américains. A la vérité, plusieurs particuliers y avoient fait passer des vivres, des marchandises et jusqu'à des munitions et des armes ; mais c'étoit objet de commerce auquel le gouvernement ne sembloit prendre aucune part. Mais en 1777, il partit plusieurs officiers français, qui n'avoient

cependant aucune autorisation publique de la cour. En même tems le docteur *Francklin* arriva en France. Reçu d'abord comme étranger célèbre par sa science, il prit bientôt le caractère d'envoyé et de plénipotentiaire d'un état libre et indépendant. A ce titre, il conclut avec la France un traité d'alliance offensive et défensive, qui fut signé à Paris, le 6 février 1778. On y reconnoissoit l'indépendance des États-Unis de l'Amérique, et le traité portoit entre autres conditions, que les colons n'y renonceroient jamais, pour se rejoindre avec l'Angleterre, et qu'on poseroit les armes et ne feroit point la paix l'un sans l'autre.

La France signifia cette alliance à l'Angleterre, le 13 mars 1778. Une pareille notification étoit une vraie déclaration de guerre. Aussi fut-elle aussitôt commencée. Le 28 mars 1778, il se livra entre l'amiral *Keppel* et le comte d'*Orvillers*, un combat à la hau-

Guerre de la France avec l'Angleterre.

teur d'Ouessant, qui fut indécis. Une flotte française envoyée en Amérique, sous le comte d'*Estaing*, fit évacuer aux Anglais Philadelphie, le 15 juin. Les Français se saisirent de la Dominique, le 7 septembre, et les Anglais de Ste-Lucie, le 12. Les mêmes chassèrent les Français de St-Pierre et de Miquelon, sur les côtes de Terre-Neuve le 24. Pondichéri tomba en leur pouvoir le 15 octobre, et le Sénégal entre les mains des Français, le 30 janvier 1779.

Les Espagnols se joignent aux Français.

La cour d'Espagne travailla à concilier les parties. Elle employa huit mois en négociations inutiles. Elle auroit désiré rester neutre; mais elle ne put se dispenser, en exécution du pacte de famille, de donner du secours aux Français. Elle déclara donc la guerre aux Anglais le 16 juin 1779. Les vaisseaux espagnols, joints aux français, formèrent une flotte de soixante-six vaisseaux de ligne, qui menacèrent Plimouth, restèrent trois jours devant cette place, et causèrent une vive alarme en Angleterre. Ce n'étoit pas sans raison. Soixante-six mille hommes répandus sur les côtes de Bretagne et de Normandie étoient prêts à s'embarquer. Trois cents navires fretés pour le transport, les attendoient. Ce grand appareil se réduisit à rien. On cherche encore envain le motif de cette inaction qu'on a supposé dans le tems être le fruit d'une trahison bien payée par les Anglais.

Le reste de la guerre ne fut qu'une alternative de succès et de revers entre les parties belligérantes, il y eut des combats fréquens, opiniâtres et meurtriers. Les marins des deux nations y montrèrent une capacité et une bravoure qui leur méritèrent l'estime et les éloges des uns et des autres.

Différens combats.

Une simple nomenclature des combats livrés pendant cinq ans, fait connoître par quels pénibles efforts, par quelles routes sanglantes les malheureux peuples se traînent vers la paix. Le comte d'*Estaing* s'empare de Saint-Vincent en juin 1779, de la Grenade le 2 juillet. Les Anglais, de l'île de Gorée, au mois de mai. Après un combat livré, le 16 janvier 1780, *Rodney* ravitaille Gibraltar ; mais malgré trois batailles du 17 avril, 15 et 19 mai, données à la vue de la Martinique, il ne peut empêcher le comte de *Guichen* de ramener en France la riche flotte des Antilles.

Guerre déclarée aux Hollandais. Neutralité armée.

D'un autre côté, les Espagnols enlèvent, aux Anglais, le 14 mars 1781, les forts du Mississipi. Alors ceux-ci déclarent la guerre aux Hollandais, qui à titre de neutres, portoient, par le commerce, de grands secours aux Américains. Quelques jours plus tard, les Hollandais se seroient trouvés sous la protection de la neutralité armée, formée par les puissances du Nord, le 20 juin 1780. Ils tardèrent à entrer dans cette confédération, quoiqu'on les y appelât. Les Anglais les prévinrent et leur déclarèrent la guerre, pour leur ôter la ressource de cette alliance, qu'ils n'étoient plus dans le cas de solliciter, puisque la neutralité armée ne mettoit en sûreté que les neutres, et qu'ils ne l'étoient plus.

Quoique surpris, ils se défendirent vaillamment contre les Anglais, dans un combat livré presque sur leurs côtes. La victoire, comme en beaucoup de combats de mer, resta indécise. *Rodney* prit, en mars 1781, leur plus forte île dans les Antilles et leurs colonies dans la France équinoxiale; mais le commandeur de Suffren leur sauva le cap de Bonne-Espérance, par une victoire du 16 avril 1781. Pendant que M. de *Grasse* battoit l'amiral *Hood*, le 29 avril, et que M. de Bouillé reprenoit Saint-Eustache, les Espagnols firent aussi rentrer, sous leur domination, le 8 mai 1781, la Floride, qui en étoit détachée depuis 1763. Ils prirent port Mahon, le 5 février 1782, et le 12 du même mois, les îles de Saint-Christophe et de Mont-Férat se rendirent aux Français.

Pendant que l'on se battoit pour les Américains, eux-mêmes aidés par les Français, enveloppèrent une armée anglaise, et la firent prisonnière de guerre. Un autre avantage, présage de la paix, leur survint du côté de l'Angleterre. Lord *Noorth* et ses collègues, forcés par la nation, qui leur reprochoit la défection des colonies, donnèrent leur démission le 20 mars 1782, et quittèrent le ministère.

Mais la guerre ne se rallentissoit pas, l'amiral *Rodney* remporta, sur la marine française, le 12 avril 1782, entre la Dominique et les Saintes, une victoire qui le combla de gloire. Il prit cinq vaisseaux et l'amiral, nommé la *Ville-de-Paris*; il comptoit mener ce magnifique vaisseau en triomphe à Londres, mais il coula bas pendant la route. En revanche, le commandant de

Suffren livra, en 1782 et 1785, aux Anglais, plus forts que lui, cinq combats qui déconcertèrent les projets des Anglais sur les possessions françaises dans l'Inde, et les mit en sûreté. Il reprit, pour les Hollandais, le port de Trinquemale dans l'île de Ceylan, dont les Anglais s'étoient emparés, ainsi que de beaucoup de possessions hollandaises sur les côtes de Malabar et de Coromandel. Mais on ne mettra pas, entre les exploits militaires, le siège de Gibraltar, ouvert le 15 avril 1782. Il attira une foule de curieux, et des princes eux-mêmes, comme à un spectacle qui auroit peut-être donné quelque plaisir, s'il avoit été possible de ne pas penser que les feux élancés de la mer et rejaillans du rocher, portoient la mort sur la terre et sur l'onde.

Négociations. Indépendance reconnue. — Trois mois après le changement du ministère en Angleterre, on en vit les effets. Les nouveaux ministres essayèrent d'engager les Hollandais à une paix particulière, que ceux-ci refusèrent. Des tentatives faites auprès des états-unis de l'Amérique pour les rattacher à la mère-patrie, ne réussirent pas mieux. L'inutilité de ces efforts leur fit prendre et inspira au roi la résolution de reconnoître l'indépendance de ses anciens sujets, et qui fut fait par un acte du parlement du 14 septembre 1782.

Des envoyés de Londres traitoient alors, à Paris, avec ceux de Philadelphie, avec les ministres de France et les plénipotentiaires d'Espagne et de Hollande, sous la médiation de l'empereur. La reconnoissance de l'indépendance de l'Amérique donna un prompt succès à la négociation de ses agens. Ils furent les premiers à conclure avec l'Angleterre, et convinrent, par un accord du 30 novembre, de tous les articles de l'alliance qui auroit lieu entre les deux états, mais à condition qu'ils n'obtiendroient leur exécution que par le traité définitif entre toutes les puissances belligérantes.

La paix générale ne se fit pas long-tems attendre ; elle fut signée à Versailles, le 20 janvier 1783, par des traités particuliers de l'Angleterre avec la France et l'Espagne. Celui de la Hollande ne se conclut qu'un an après à Paris, le 20 mai 1784. Enfin, le traité de commerce et de navigation, signé à Versailles, le 28 septembre 1786 mit le sceau à la pacification des deux mondes.

Traités de paix.

Après une guerre qui enlevoit à l'Angleterre de si importantes colonies, on se flattoit en France de tirer de grands avantages des efforts qu'on avoit faits pour diminuer la puissance de cette nation rivale. On va voir si les traités ont réalisé ces espérances.

Conditions des traités.

Celui de 1783, assure à l'Angleterre en Amérique (article IV), la propriété de Terre-Neuve et des îles adjacentes, à l'exception de Saint-Pierre et Miquelon, qui appartiendront à la France. Les bornes des endroits ou commencera

Traité de paix. Pour l'Amérique.

et finira la pêche des deux nations sur le grand banc et dans le fleuve Saint-Laurent, sont réglées (V et VI) d'une manière un peu moins désavantageuse pour la France qu'en 1763.

Le roi d'Angleterre restitue et garantit à la France (VII), les îles de Sainte-Lucie et de Tabago, et le roi de France à l'Angleterre (VIII), les îles de la Grenade, les Grenadines, Saint-Christophe, Newis et Mont-Férat.

Pour l'Afrique. En Afrique, la Grande-Bretagne cède et garantit à la France, (IX) la rivière de Sénégal et ses dépendances, qui consistent en quatre forts et l'île de Gorée. Réciproquement, la France garantit à l'Angleterre (X), le fort James sur la rivière de Gambie ; mais les Français consentent de se restreindre pour la traite, entre l'embouchure de la rivière de St.-Jean et le fort de Portendic, *à condition même de ne pouvoir faire dans la dite rivière de Saint-Jean, sur* la côte, ainsi que dans la baye de Portendic, aucun établissement permanent de quelque nature qu'il puisse être.

L'Angleterre rend à la France (XIII), quelques établissemens qui lui appartenoient au commencement de la guerre, sur la côte d'Orixa et dans le Bengale, permet d'entourer Chandernagor d'un fossé pour l'écoulement des eaux, et s'engage à assurer dans l'Inde la liberté du commerce aux sujets de la France, soit qu'ils le fassent individuellement ou par compagnies. Elle rend (XIV) Pondichéri, Karical, avec promesse d'un arrondissement de territoire qui est spécifié, et conserve à la France (XV) Mahé et le comptoir de Surate. Enfin, les puissances contractantes s'interdissent réciproquement (XVI) tout aide ou secours, à ceux de leurs alliés qui n'entreroient pas dans le présent accommodement.

Pour l'Asie.

Enfin, l'Angleterre abroge (XVII),

Pour l'Europe.

tous les articles relatifs à la dégradation du port de Dunkerque, depuis le traité d'Utrecht, jusqu'au présent traité, et ne s'oppose pas au rétablissement des fortifications.

Le reste du traité, qui a XXIII articles, contient les formalités à suivre pour les époques de la cessation des hostilités, et l'exécution d'autres conventions selon les lieux, l'éloignement et les diverses circonstances.

On voit par ce traité de paix, que cinq années d'une guerre très-vive, ne valurent à la France que quelques restitutions. Elle ne gagna pas davantage, si elle ne perdit pas dans le traité de commerce.

Réflexions au sujet du traité de commerce. Tarif. Celui-ci est comme ceux qu'ont toujours fait les Anglais, tout à leur avantage, sous les dehors de l'équité et de l'égalité les plus strictes. Pour s'en convaincre, il suffit de considérer l'article VI, qui contient le tarif des droits sur les marchandises exportables, ou importables entre les deux royaumes.

Le tarif ne fixe que de légers droits sur nos marchandises de luxe admissibles en Angleterre 1). En récompense, il ne soumet aussi qu'à un impôt très-modéré les manufactures anglaises 2) admissibles en France. Voilà toute l'apparence de l'équité et de l'égalité.

Mais nos marchandises de luxe ne conviennent qu'à un petit nombre d'acheteurs, au contraire les marchandises communes conviennent au pauvre comme au riche. Il s'ensuit que l'a-

1) Batiste, linons, blondes, dentelles de soie, parfumerie, ganterie, fleurs artificielles, tableteries, meubles, bijouterie et autres objets qui ne conviennent qu'aux riches, et par conséquent d'un débit retréci.

2) Bonneterie, cotonades, gros et menu fer en outils, lainage, poteries, faïences et autres marchandises d'usages, d'un débit très-étendu et d'un prix auquel les pauvres peuvent aisément atteindre.

vantage de l'Angleterre l'emportera de beaucoup sur le nôtre, parce qu'on achetera beaucoup plus de marchandises communes que de marchandises riches, et qu'ainsi l'Angleterre nous vendra beaucoup plus que nous lui vendrons, et que la balance du change penchera nécessairement de son côté.

Par conséquent, l'Angleterre en ouvrant ses ports à quelques-unes de nos marchandises, comme nous ouvrons les nôtres à quelques-unes des siennes ne nous présente qu'un leurre, qui attire chez elle un profit immense, au détriment de nos manufactures les plus précieuses, parce que les marchandises communes que l'Angleterre, nous envoie, sont celles qui occuperoient chez nous le plus d'ouvriers dans la classe nécessiteuse.

C'est-là toute la magie du traité de commerce de 1786. On y voit comment les Anglais, ces habiles enchanteurs, ont fasciné les yeux des négociateurs français. Mais les moyens de séduction qui ont dû opérer cet aveuglement, peut-être acheté, ne s'y trouvent pas. Presque toutes les villes commerçantes réclamèrent pour lors, et leurs doléances sont renfermées dans les cahiers qu'ils ont chargé leurs députés de présenter aux Etats assemblés en 1789 [1])

Dans le même-tems, les ministres anglais se félicitoient de leur adresse, puisque *M. Pitt,* dans le tableau des finances qu'il mit sur le bureau de la chambre des communes, au mois de juillet de cette année, compte au nombre des moyens et des secours sur lesquels sa nation peut compter pour subvenir à

---

[1]) M. *Pitt* auroit pu se féliciter aussi d'avoir arraché à l'Espagne, dans le traité de 1783, la permission de couper les bois de teinture sur le terrein des Espagnols : production dont ceux-ci s'étoient toujours montré si jaloux; par un traité de 1784, le cabinet de Londres obtint aussi des Hollandais à leur grand regret, la libre navigation pour

l'excédent des dépenses publiques, *les heureux résultats de ce traité en faveur de la Grande-Bretagne* 1).

On doit remarquer que ce traité, ainsi que ceux qui l'ont précédé, porte en tête la confirmation et la garantie de la paix de Westphalie, quoique tous s'en écartent plus ou moins, et que même le

les sujets britanniques dans les parties de la mer des Indes, que la compagnie hollandaise s'étoit jusqu'alors réservées.

Tous ces traités, si avantageux à l'Angleterre, ont reçu leur complément par celui qu'elle a conclu le 19 novembre 1794, avec les Américains, qui ne se sont pas montrés à l'égard des Français plus reconnoissans des efforts faits pour affermir leur liberté, que ne l'ont été les Hollandais dans l'autre siècle.

1) Sur le pour et le contre de ce traité, voyez *Observations de la chambre du commerce de Normandie*. Il y fut répondu par une *Lettre à la chambre du commerce de Normandie*, suivie d'une réplique intitulée *Réfutation des principes et assertions conte-*

plus grand nombre, comme on l'a vu, la contredisent dans des points essentiels. Tant l'habitude prévaut quelquefois sur la raison !

nues dans la lettre à la chambre du commerce. Le tout bien résumé dans les Considérations sur le traité de commerce entre la France et la Grande-Bretagne. Par le sieur Clicquot Blervache, alors inspecteur-général des manufactures. Ces quatre ouvrages ont paru en 1788.

RÉSULTAT.

Nombre et [cau]se des guerres.

Depuis cette paix célèbre, qui devoit être *perpétuelle et irrévocable*, conclue en 1648, jusqu'à celle du dernier traité de paix avec l'Angleterre, en 1783, ce qui fait un espace de cent trente-cinq ans, la France en a eu soixante et dix de guerre et soixante et cinq de paix, par conséquent cinq ans de calamités plus que de bonheur.

De ces guerres, cinq ont été des guerres de famille, quatre d'ambition, de haine, d'orgueil, d'obstination et de dépit, et deux de commerce.

La première des guerres de famille fut entreprise par *Louis XIV* pour les droits de *Marie-Thérèse*, son épouse, sur le Brabant et d'autres parties de la succession ouverte par la mort de *Philippe IV*, père de cette princesse.

La seconde a été soutenue par ce même *Louis XIV* pour placer *Philippe*, son petit-fils, sur le trône d'Espagne, auquel il étoit appellé par le droit de sa grand-mère et le testament du roi défunt.

La troisième fut suscitée par le désir qu'inspira *Alberoni* à *Philippe V* de se procurer la régence de France après la mort de *Louis XIV*, afin de se mettre plus aisément la couronne sur la tête, comme plus proche héritier de *Louis XV* si ce prince venoit à mourir.

Les quatrième et cinquième ont eu pour motifs les intérêts des maisons d'Autriche et de Bourbon, qui combattoient, l'une pour soutenir sa pragmatique, l'autre pour procurer des établissemens aux enfans de *Philippe V* et d'*Elizabeth Farnèse*, son épouse.

La guerre d'obstination est celle que *Philippe IV* prolongea pendant onze ans après la paix de Westphalie, et qui, loin de lui procurer des avantages, lui causa de nouvelles pertes.

La guerre d'orgueil et de dépit est celle que *Louis XIV* intenta aux Hollandais, qui l'avoient bravé.

On peut joindre à cette guerre d'orgueil celle que *Louis XV* entreprit de concert avec la cour de Vienne pour humilier, s'ils avoient pu, le roi de Prusse *Frédéric*, qui signifioit ses prétentions avec une hauteur et les soutenoit avec une fermeté dont ces grandes puissances furent choquées.

Une guerre d'ambition et de haine est sans contredit celle que *Guillaume III*, auteur de la ligue d'Ausbourg, suscita à *Louis XIV* par jalousie contre ce monarque et pour se procurer la couronne d'Angleterre.

<small>Motifs des guerres des Français et des Anglais.</small> Excepté dans cette dernière guerre, on voit que les Anglais n'avoient dans aucune autre un intérêt direct. Cependant il est clair, par les traités de paix et l'esquisse des hostilités qui les ont précédés, qu'ils y ont pris une part très-active par les forces maritimes et les subsides constamment fournis aux ennemis de la France.

Enfin, ils se sont montrés ouvertement quand ils ont attaqué les Français en 1755, dans le Canada, et quoique le prétexte de l'aggression ait été une dispute de limites, il est certain que le vrai motif étoit le dessein d'abattre et d'anéantir la marine française, qui se relevoit.

Réciproquement ce n'est pas pour soustraire les Américains à la domination anglaise, que *Louis XVI* s'est lié avec eux en 1778, ni pour les faire jouir des avantages de la liberté; mais pour ôter à la marine britannique la ressource d'un continent entier, bien garni de ports, dont les forces avoient été très-utiles aux Anglais dans les dernières guerres contre les Français, et pour rentrer en possessions des parties de pêche et de commerce qu'ils avoient envahis : à quoi les Français n'ont pas réussi.

Des onze guerres qui ont armé les puissances de l'Europe les unes contre les autres pendant cent soixante et dix ans, et qui ont principalement pesé sur la France, il n'y a que les deux dernières qui aient véritablement intéressé la nation : car peu lui importoit que l'épouse et le petit-fils de *Louis XIV* obtinssent ou non leurs héritages ; que la couronne d'Angleterre fût portée par *Jacques* ou par *Guillaume ;* que le roi de Prusse eût ou n'eût pas la Silésie ; que la reine de Hongrie entrât ou n'entrât pas en possession des biens de son père ; que les enfans de la princesse *Farnèze* eussent ou n'eussent point des appanages ; que le royaume de France restât dans les bornes que les traités circonscrivoient, ou s'accrût de quelques villes et de quelques provinces ; toutes ces vicissitudes influoient peu sur le bonheur ou le malheur de la nation : mais ce qui lui importoit, c'est qu'il n'y eût pas une puissance dominatrice qui la rivalisât, la poursuivît par-tout et fermât les mers à son commerce. A ce titre, les deux dernières guerres doivent être regardées comme des guerres nationales, et on a quelque droit de se flatter que si on ne peut éviter les guerres, il n'y en aura plus du moins que de cette espèce et qu'elles seront rares.

Toutes les guerres de famille ont eu pour principes des contrats de mariages, des transactions sur propriétés indivises, des testamens et autres pactes pour ainsi dire domestiques, dont le premier but étoit d'unir entre elles les maisons souveraines et de se les rendre secourables les unes aux autres; mais par un effet contraire, ces conventions ou dispositions n'ont servi qu'à leur donner entre elles des prétentions qui les ont rendu ennemies sans aucun profit pour elles-mêmes, et qui ont entraîné les peuples dans des guerres toujours renaissantes, sans aucun avantage pour eux.

Réflexions sur les guerres de famille.

Car en comparant entre eux les traités qui font la matière de cet ouvrage, on peut remarquer que plusieurs années d'hostilités réitérées, n'ont apporté presqu'aucun changement dans les possessions des maisons régnantes. A quelques réserves près, et souvent très-peu importantes, elles se sont rendu à la paix, ce qu'elles s'étoient prises pendant la guerre.

Les liaisons de famille n'ont pas été non plus pour les princes, des ressources dans leurs détresses. La politique qui présidoit à leurs alliances, les a rendu fort indifférens aux dangers de leurs parens, quand ils ont cru n'avoir rien à craindre pour eux-mêmes, des périls qui menaçoient leurs proches. Au contraire, nous avons un exemple récent, que loin d'être sensibles aux malheurs de ceux qui leur étoient attachés par les liens de la consanguinité, ils ont quelquefois hâté des catastrophes sanglantes par des projets hostiles qu'une ambition mal conseillée leur a fait concevoir. Il est donc prouvé que ces alliances n'ont pas été utiles aux princes.

Elles ont été de plus très-nuisibles aux peuples, qu'elles ont entraîné dans des guerres ruineuses, souvent pour une petite augmentation de territoire, dont ils se seroient bien passé. Ainsi il est à désirer pour des nations qui ont des rois, que ces monarques ne prennent pas des alliances domestiques, hors de leurs royaumes. Mais comme cette habitude qu'entretient la crainte de donner trop d'autorité aux familles indigènes, seroit difficile à détruire, on doit féliciter les nations qui ne sont pas gouvernées par des rois, d'avoir un sujet de ruine et de dévastation de moins que les autres.

Quant aux guerres de dépit, d'ambition, de vengeance, d'orgueil et autres, il est rare qu'elles aient lieu chez un peuple, dont les mouvemens ne sont pas commandés et dirigés par un seul homme. Si un des chefs étoit mu par quelqu'une de ces passions, les autres le réprimeroient. Si tous, par un accord difficile à supposer, se laissoient entraîner à l'opinion désordonnée de l'un

Réflexions sur les autres guerres.

d'entre eux ; le conseil souverain de la nation, qui tient en main la clef des finances, sauroit bien rendre illusoires les efforts que feroit l'intérêt personnel pour rompre la paix, ou ne la pas accepter quand elle s'offre : ainsi autre sujet de guerre directe, qui reste de moins à craindre pour la France, dans la position où elle se trouve. Il faut cependant avouer qu'on ne peut se flatter qu'elle jouira pleinement de cet avantage que quand son gouvernement consolidé n'éprouvera plus de secousses, et quand le sol des nations qui l'environnent, encore ébranlé, sera également raffermi.

Réflexions sur les guerres de commerce. — On n'a donc à redouter pour la suite que des guerres de commerce, si on ne réussit pas à mettre dans la circonstance actuelle un frein à la cupidité des rivaux, non-seulement de la France, mais de toutes les nations.

Commencement et progrès du commerce anglais. — Ce qu'elles ont à appréhender de cette cupidité des Anglais se connoît par la rapidité de leurs progrès dans la car-

rière du commerce : « Avant 1551, dit
» *Burnet*, un de leurs meilleurs histo-
» riens, le commerce de l'Angleterre,
» n'avoit été conduit que par des étran-
» gers, et sur-tout par des habitans des
» villes anséatiques. Pour les engager à
» s'établir en Angleterre, *Henri III*
» vers 1570, les avoit érigé en commu-
» nauté et les avoit exempté de plusieurs
» tributs payés par les autres étrangers.
» Cette compagnie faisoit en monopole
» presque tout le commerce étranger du
» royaume ; elle n'embarquoit que sur
» ses propres vaisseaux : ainsi la navi-
» gation anglaise languissoit. Ces mo-
» tifs engagèrent *Edouard VI* à annul-
» ler les priviléges de cette société. Lu-
» beck et Hambourg firent des remon-
» trances contre cette innovation; mais
» le conseil soutint sa résolution, et ses
» bons effets la légitimèrent bientôt aux
» yeux de la nation ».

Sous *Elisabeth*, vers 1661 furent
créées les compagnies de commerce :

elles popularisèrent pour ainsi dire l'intérêt national. Le jeu des actions, dont chacun fournissoit les fonds, leur perte et leur gain attirèrent l'attention de l'homme aisé, comme du riche, sur les opérations du commerce et firent prendre à tous une part active dans les entreprises, qui affectoient journellement leur fortune 1).

En 1651, parut sous *Cromwel*, le fameux acte de navigation qui rend confiscables toutes les marchandises apportées ou exportées sur les vaissseaux, qui ne seroient pas montés, en tout ou en partie par des Anglais, ou du moins dont les équipages ne seroient pas commandés par un capitaine Anglais. Cet acte a réalisé le projet que les Anglais laissoient transpirer depuis long tems, d'attirer à eux seuls les profits du com-

---

1) Ce moyen de faire le commerce en grand, n'a été adopté en France qu'en 1664, encore l'a-t-on mal employé, et on s'en est enfin totalement privé.

merce de leur île, et d'en priver les autres navigateurs.

Le même *Cromwell* a ménagé et conclu, à Westminster, en 1654, avec *Jean VI*, roi de Portugal, le premier traité de commerce, qui donne l'exemple des avantages exclusifs par lesquels une nation peut se rendre maîtresse chez une autre.

La révolution, sous *Charles I*, et la réaction, sous *Jacques II*, ayant peuplé les côtes de l'Amérique septentrionale, les échanges des denrées coloniales avec les productions industrielles de la mère-patrie, ont d'autant plus augmenté le commerce de la Grande-Bretagne, qu'elle a su l'interdire aux autres nations, et se le conserver exclusivement. Ces colonies prospérèrent pacifiquement sans être inquiétées par les Français, quoique dans leurs guerres du continent d'Europe, ils éprouvassent perpétuellement les effets de la mauvaise volonté de ces Anglais transplantés.

L'Afrique vit aussi, sous *Charles II*, les Anglais s'établir solidement sur ses côtes, et sur les rives de ses grands fleuves. Ils n'y avoient eu jusqu'alors que des loges et des comptoirs pour la traite des nègres. La compagnie d'Afrique bâtit des forts, qui, à la longue, lui ont donné une prépondérance dans cette partie du monde.

De même l'acquisition de Bombaye, cédée par Louise de Gusman, reine de Portugal, en mariant une de ses princesses à *Charles II*. Cette acquisition, faite en 1662, est le commencement de l'énorme puissance que les Anglais se sont acquise dans l'Inde. Leurs progrès n'ont pas été lents. Avant la fin du siècle ils possédoient des villes et des provinces entières sur les deux côtes de Malabar et de Coromandel, et dans le Bengale.

En 1705, ils mirent le pied sur le continent d'Europe, par la prise de Gibraltar, conquirent l'île de Minorque et s'assurèrent ainsi un excellent port dans la Méditerranée, en même tems que par des injonctions impérieuses, ils privoient les Français des avantages du port de Dunkerque.

A mesure qu'il se faisoit des traités de paix en Europe, on a vu que les Anglais avoient soin d'y faire insérer les acquisitions lointaines qu'ils avoient accumulées d'une guerre à l'autre, afin de s'assurer leurs possessions par ces reconnoissances. C'est pour cela qu'ils se mêloient dans toutes les guerres qui ne les regardoient pas, et même qu'ils les provoquoient.

Politique soutenue des Anglais.

Le vieux maréchal de *Noailles* développa avec sagacité cette politique dans un conseil qui fut tenu à Versailles, en 1741, pour savoir si on déclareroit la guerre à la maison d'Autriche, qui affectoit de vouloir se passer de la France, pour faire élire un roi des Romains. « Cette espèce de négligence, qu'affecte » la cour de Vienne, ne doit pas, dit-il, » être envisagée comme un motif de

» guerre. Ne vous opposez pas à l'élection
» de l'archiduc. Le système anglais est
» connu : c'est d'arriver par la supériorité
» des richesses à la supériorité de la
» puissance, et l'Amérique seule peut
» leur en frayer le chemin. L'Angleterre
» ne sera donc point tentée de faire la
» guerre en Allemagne pour l'empe-
» reur, et pour tout autre prince. Elle
» aimera mieux la faire avec succès pour
» elle-même en Amérique. La France
» doit craindre de prendre le change
» sur ses véritables intérêts, et de perdre
» ses riches colonies, tandis que par le
» motif d'une vaine gloire, elle entreroit
» en Allemagne dans une contestation
» qui lui est étrangère ». L'événement
vérifia les observations du maréchal.
Les Anglais n'envoyèrent que de foibles
secours en Allemagne, et portèrent
toutes leurs forces en Amérique, où ils
s'emparèrent de nos plus riches colonies, dont la perte a forcé, pour les recouvrer, au désastreux traité de 1763,

qui a enlevé aux Français le Canada, a assuré aux Anglais toutes leurs invasions dans l'Inde, les possessions de l'Afrique et l'empire de la mer.

Et que l'on ne s'imagine pas que la défection des anglo-méricains et le traité de 1783, aient diminué la puissance des Anglais, et fait tort à leur commerce. {La défection des Americains peu nuisible pour eux.}

1°. Ces colonies ne tenoient à la mère-patrie que par habitude, et sans assujettissement fiscal, ni pénal, on peut même dire que c'étoient moins les deux états qui étoient unis l'un à l'autre, que les particuliers par le lien de la même langue, les mêmes mœurs, les relations d'affaires ou de parenté. Or, tous ces liens subsistent encore. Ceux de commerce, s'ils ont été quelque tems relâchés, viennent d'être renoués et resserrés par le traité signé le 19 novembre 1794, entre la république des Etats-Unis et la Grande-Bretagne. Par cet acte, les Anglais jouissent, chez les Américains, des priviléges qu'ils possédoient auparavant, droit de *transit*, d'importation, d'exportation, de magasinage et autres, sous des taxes très modiques : de sorte que l'Angleterre, en reconnoissant l'indépendance américaine, n'a réellement perdu que des sujets qui lui étoient quelquefois à charge par les frais d'administration, et toujours inquiétans par les prétentions et la répugnance à obéir ; au lieu qu'elle a gagné des alliés, qui, n'ayant rien à craindre d'elle à cause de l'éloignement, sont toujours prêts à la servir, et le font d'autant plus affectueusement que les intérêts de commerce les rapprochent sans cesse.

<small>Le traité de 1783 ne leur a rien enlevé.</small>

2°. L'Angleterre n'a laissé échapper non plus aucune de ses possessions importantes par le traité de 1783 avec la France. Le conseil de *Louis XVI* a eu la générosité mal-entendue de ne rien réclamer de ses pertes : ni le Canada, ni Terre-Neuve, ni l'étendue de sa pêche. Les ministres se sont contentés de quelques restitutions faites dans l'Inde et en Afrique, mais dont l'Angleterre s'est bien dédommagée, comme on l'a vu par le traité de 1786.

A l'occasion de ce traité de commerce et de tous ceux de ce genre, que les peuples s'efforcent de faire entre eux, nous ne pouvons nous empêcher de remarquer que dans l'état où est la France, avec tous ses avantages de position et de productions, peut être ne lui convient-il pas de faire de ces sortes de traités. *Opinion sur les traités de commerce.*

Par son sol, ses colonies et son industrie, elle a tout ce qui est nécessaire et même le superflu. Sa marine commerçante suffit au transport de ses richesses brutes et manufacturées. Qui doute que sa marine militaire, rétablie et bien entretenue, ne puisse protéger efficacement ses négocians sur les mers, pendant que ses soldats les garantiront sur terre d'insultes et d'avanies?

Qu'est-il donc besoin de traités de commerce? Si les autres nations nous reçoivent, nous les accueillerons, si elles nous rejettent, nous les repousserons ; si quelques-unes tachent de nous tromper, aux finesses diplomatiques et mercantiles, nous opposerons une noble franchise qui nous fera rechercher par les peuples qui aiment la bonne-foi dans les conventions. Ainsi nous ne nous trouverions plus exposés à être surpris par des conditions inégales, présentées sous l'apparence d'une réciprocité équitable, comme dans le traité de 1786.

FIN.